[日]高取志津香

+

日本NPO法人
JAM网

编著

李俊 译

忍住！

别插手！
让孩子独立的自我管理课

合理安排时间

①

九州出版社
JIUZHOUPRESS

图书在版编目（CIP）数据

忍住！别插手！让孩子独立的自我管理课. 合理安排时间 /（日）高取志津香，日本NPO法人JAM网编著；李俊译. -- 北京：九州出版社，2018.3（2020.4重印）

ISBN 978-7-5108-6725 5

Ⅰ. ①忍⋯ Ⅱ. ①高⋯ ②日⋯ ③李⋯ Ⅲ. ①自我管理—儿童读物 Ⅳ. ①C912.1-49

中国版本图书馆CIP数据核字（2018）第044825号

Original Japanese title: DAMETTE IWANAI KODOMOE GOOD ADVICE 1 JIKAN NO MANAGEMENT
Copyright © 2016 by Shizuka Takatori
Illustration copyright © 2016 by Tomoko Ishimura
Original Japanese edition published by Godo-shuppan Corporation Ltd.
Simplified Chinese translation rights arranged with Godo-shuppan Corporation Ltd.
through The English Agency(Japan) Ltd. and Eric Yang Agency, Beijing Office

版权合同登记号 图字：01-2018-1127

忍住！别插手！让孩子独立的自我管理课

作　　者	（日）高取志津香 日本NPO法人JAM网 编著 李俊 译
出版发行	九州出版社
地　　址	北京市西城区阜外大街甲35号（100037）
发行电话	（010）68992190/3/5/6
网　　址	www.jiuzhoupress.com
电子信箱	jiuzhou@jiuzhoupress.com
印　　刷	北京世纪恒宇印刷有限公司
开　　本	880毫米×1260毫米 32开
印　　张	14.5
字　　数	260千字
版　　次	2018年5月第1版
印　　次	2020年4月第5次印刷
书　　号	ISBN 978-7-5108-6725-5
定　　价	108.00元（全3册）

★版权所有　侵权必究★

培养孩子的独立性

该丛书旨在培养孩子的自理能力，而不是催促孩子"快点儿！"，或是批评孩子"不行！"。

您会翻开这本书，就说明您在教育孩子方面一直肯下功夫。

可是一直不见成效。

出门的时候丢三落四、磨磨蹭蹭。房间里、桌子上总是乱七八糟的。零花钱都用来买零食和漫画……反正就没一件事是顺心的。

于是你就冲孩子大吼大叫："赶紧的！""收拾收拾！""这样不行！"甚至开始责骂："你都干了些什么！""我说的话你记不住是吗！"骂完孩子，自己又后悔了。

不是你说话大声，孩子就能进步的。

一位美国朋友曾经给我讲过寄宿在他家的日本高中生的事情。

"日本的孩子是不是都被惯坏了？被子、杯子、餐具就放在那里，

也不收拾。似乎等着别人帮他收拾。"

一位加拿大朋友也和我说过在他那里打暑期工的日本大学生的事情。

"除非你对他说'把这事儿干了',否则他什么也不干。"

应该让孩子自己思考"现在该做什么",然后主动去做,而不是在家长的催促下去做。

首先,有一点家长要明白——"孩子的事情让他自己做"。

迟到也好,丢三落四也罢,那都是孩子自己的事情。什么事情家长都考虑在前面,都安排好了,这样对孩子并不好。这等于剥夺了孩子成长学习的机会。必须让孩子明白"这是我自己的事情",让他自己去思考该怎么做。

还有一点就是,要教会孩子处理问题的具体方法。

没有哪个孩子生下来就会整理自己的物品,能够有计划地安排时间,或是合理使用零花钱。首先需要家长做示范,教会孩子应该怎么做,实际上就是制定一个"规范"。没有具体的规范,孩子不会明白该怎么做。有了规范之后,就可以让孩子按照规范去操作。

有的家长不告诉孩子该怎么做,觉得"孩子还小,怎么做得了?"千万不要这么想!不管针对几岁的孩子,学不会就反复地教。

该丛书旨在帮助孩子成长,让孩子能够"合理安排时间""整理好

身边的物品""掌握正确的金钱观"。家长应根据孩子的年龄和他在家的状况，适当地教会孩子去做这些事。

第一册"合理安排时间"，是让孩子"有时间观念"，然后安排事情的先后顺序，计算还剩多少时间，合理地分配时间。

第二册"整理好身边的物品"，从"整理好自己的玩具"开始，最终让孩子学会整理自己身边的所有物品。

第三册"正确的金钱观"，是让孩子掌握正确的金钱观，懂得金钱的来之不易，学会合理分配。通过让孩子有偿做家务的方法，教导孩子正确的金钱观。

很多家长都知道，孩子遭遇挫折的时候，家长不应该马上插手帮忙，但是真遇到那样的情况，还是忍不住去帮。这其实是在给孩子帮倒忙。为了培养孩子的自立能力，父母在想要帮忙的时候一定要尽可能忍住、不插手。

自我管理并不是一件容易做到的事，有时候对大人而言都是个难题，想要让孩子做到自我管理，面临的困难更是可想而知。当孩子觉得一件事有趣时，他便会乐此不疲地一直做下去，在这过程中不断挑战自己。这套书里列举的办法，既让孩子觉得有趣，又能让孩子自发地去做一些事。在配合使用这套书的同时，让我们一边鼓励孩子，一边共同训练吧！

在孩子未养成良好的习惯之前，我们要有耐心，一旦孩子养成了好习惯，之后的事就会自然而然地轻松起来。

在孩子小的时候，做父母的循序渐进地教他一些方法，培养他的自立性，并有意识地让他在生活中实践这些方法。让我们朝着这个共同目标努力吧！

高取志津香、NPO 法人　JAM 网

目录

孩子的自我时间管理

"快去做！" / 2
让孩子自己管理时间 / 6
让孩子学会自己"管理时间" / 10

家长需要考虑的问题

为什么要让孩子学会时间管理 /16
了解孩子的时间感 / 19
要让孩子明白，这到底是谁的时间 /23
通过时间管理，让孩子养成良好的生活规律 / 28

训练开始!

加强孩子的时间意识 / 36

`训练1` 现在,几点? 培养时间意识 / 39

感受时间 / 40

`训练2-1` 明白了什么? 意识到时间 / 43

`训练2-2` 花费了多少时间? 意识到时间 / 44

观察生活 / 45

`训练3` 我的一天 意识到自己的行动 / 48

给时间分段 / 49

`训练4` 划分时间 按照时间约定来完成工作 / 54

列清单整理大脑 / 55

`训练5` 想做的事情 vs 必须做的事情 列清单 / 59

给"想做的事"和"该做的事"排序 / 60

`训练6` 贴上便签,提升效率 列清单和排序 / 63

按照事件重要程度和紧急程度给清单排序 / 64

`指导1` 指导孩子学会排序 / 68

为行动设定目标 / 70

`指导2` 决定玩游戏的时间 / 73

`训练7-1` 早晨时间分配表 规划早晨时光 / 74

`训练7-2` 明智的消费者 练习制订计划 / 74

让孩子养成根据目标倒推计划的习惯 / 75

`训练8` 给爸爸的惊喜:爸爸的生日派对 根据计划推算时间 / 79

要在时间分配上下功夫 / 80

`训练9` 目标300分 分配工作时间 / 83

分步骤完成该做的事 / 84

`训练10` 外出计划 分步骤行动 / 87

培养专注力 / 88

[训练11] 实践！间隔学习法 提高专注力 / 92

悠闲时间 / 93

行动起来吧！

父母不要对孩子指手画脚 / 100

[指导3] 按照时间表安排行动 / 105

美国的时间管理教育 / 106

制订计划，实践 / 112

[指导4] 制订计划，实践 / 117

制订中长期计划 / 119

[训练12] 任务金字塔 制订长期计划 / 124

存储时间，制作凭证 / 126

[训练13] 把时间存起来 提升干劲 / 129

计划受阻时，父母该采取的说话方式 / 130

不能顺利进行时的计划修正法 / 133

[指导5] 为什么非要父母提醒 / 137

让孩子自己管理时间 / 139

[训练14] 和爸爸会合 时间管理 / 141

让孩子心怀梦想 / 142

[附录] 如何与不同类型的孩子沟通 / 146

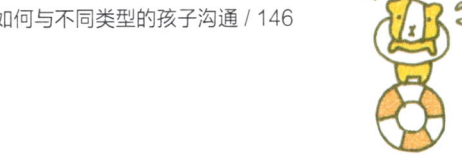

后记

相关制作人员的话 / 150

1

孩子的自我时间管理

"快去做！"

家长们的口头禅

如果孩子不写作业，就在那没完没了地看电视。这时，家长自然会火冒三丈："不要老是看电视！赶紧写作业，写完赶紧睡觉！"

这是家长每天晚上必念的台词。

这句话只要讲了一遍，就肯定还有第二遍、第三遍。除了家长上火，什么事情都解决不了。家长不妨好好反省一下，自己怎么又忍不住发火了。

女儿晚上总是磨磨蹭蹭，不肯睡觉

早上从来都是火急火燎的。临出门的时候总是慌里慌张，"忘带笔记本了！""忘了家长签字了！"在这种情况下，我每次都对女儿说："我不是跟你说了吗？让你早点儿准备好！"然而无论怎么唠叨，孩子也听不进去。

这时候,又怕孩子赶不上校车。

于是急急忙忙送孩子出门,然后整个人状态都不好了。

儿子沉迷于电子游戏时,家长说:"别玩了!!"孩子总是会说:"再玩一小会儿。""等我打完这关。"然后在那里玩个没完没了。说好了一天只玩1小时,结果从来就没遵守过约定。

一开始的时候,家长还心平气和地说:"1小时已经到啦。"然而,孩子根本就没有停下来的迹象。最后家长不得不发火,"你玩够了没有!"强行把电源插头给拔了。

"干吗拔电源插头啊!""你根本就不遵守约定!"于是家长和孩子就吵起来了。

孩子现在还是小学生,所以家长能够强行这么做,等孩子再长大一些,又该怎么办呢?等到孩子的个头儿比家长还高的时候,你说什么他都听不进去了。

到那时,又该怎么办呢?

孩子像算盘珠子似的,拨一下动一下

必须让孩子自己意识到该做什么。家长虽然明白这个道理,但还是忍不住要说。

"快起床!快吃早饭!"

"快去洗澡！洗完澡赶紧睡觉！"

从来没有哪一天，不对孩子说："赶快做×××！"

"赶快做！"的恶性循环

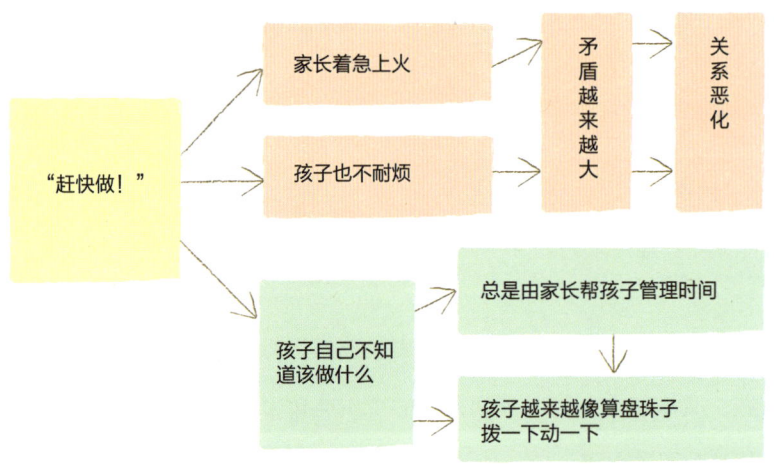

等孩子睡着了，我们有时候会反省自己，"从明天开始，不再催促孩子做这个做那个"，然而等到第二天一早，又变成了老样子……

"我不说，孩子岂不是什么也不做？""到时候不是上学迟到，就是作业没写完，被老师骂。""孩子晚上不睡觉对身体不好啊！我不说，孩子什么也不做！啊——"

就因为"孩子像算盘珠子，拨一下动一下"，所以家长才唠叨个不停。孩子要是自觉去做，家长也不会催促了。

那么，到底要怎么办呢？

家长的错误做法

"快去做！！"
"赶紧的！"

这么说起不到任何作用，不要再这么说了。应该培养孩子"自觉去做"。

让孩子自己管理时间

是不是家长一直在帮孩子管理时间？

现在的孩子，比我们小的时候要忙得多。

星期一放学要补英语，星期二要学游泳……另外，学校还布置了一大堆作业。孩子小的时候，家长不帮孩子管理时间，事情就做不完。

但是，始终都是家长帮孩子管理时间，这么做对吗？于是问题就来了："什么时候才能不再帮孩子管理时间？"

昨天还是小孩子，今天就变得像大人一样，任谁也办不到这样。突然有一天，对孩子说"从今天开始，你自己的事情自己做"，那孩子肯定是做不好的。

为了让孩子能够自己管理好时间，要根据孩子的年龄，掌握方式方法，一点一点地教会孩子如何管理时间（合理安排时间）。第一步是让孩子意识到，自己要学会管理时间。

"孩子自己的时间，自己管理。"

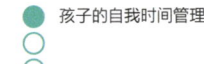
孩子的自我时间管理

虽然道理很简单,但为了让孩子自己主动去做,首先要让孩子有这样的意识。

培养孩子的自律能力

"快起床!上学要迟到了!"你不掀被子,孩子都不睁眼,但是到了旅游或者足球比赛的那一天,孩子一大早就起来了。

我小的时候,一开始也是父母叫我起床,但后来就自己起床了,也从来没有迟到过。

只要让孩子明白,不按时起床会有什么后果,这样不需要家长的催促,孩子自己就起来了。

要想让孩子学会管理时间，就必须让孩子知道，"管理好时间，是自己的事情"。

在美国的时候，一位小学老师曾经对我说："要想让孩子学会管理时间，首先就要让孩子知道，'管理好时间，是自己的事情'。"老师还说，从孩子3岁开始，就要逐步培养孩子包括管理时间在内的自我管理能力。要心平气和地告诉孩子："那不是别人的责任，是你自己的责任。"早上睡过头了，就说："妈妈没叫醒我。"孩子认为责任都是家长的，认识不到这是自己的错误。

反之，如果孩子能够明白"早上起床"是"自己的事情"，他自己就会思考，怎样做才能不睡过头。

最重要的是，家长和孩子都要有各自的认识

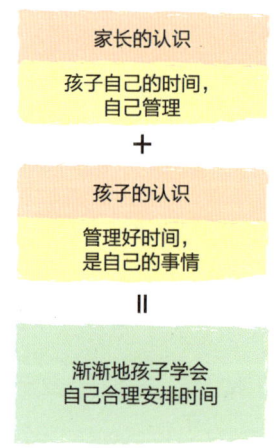

日积月累，孩子就能学会自己思考、自己主动去做。我们现在就试着用平和的语气、简单易懂的话语去告诉孩子，这是你自己的事情。

A宝宝今年3岁，刚上幼儿园，早上总是磨磨蹭蹭，上幼儿园总是迟到。天天迟到，怎么能融入集体生活呢？眼看半个月后就是A宝宝的生日了，于是妈妈就把宝宝的生日和上学不迟到联系在一起，对宝宝说："如果你每天早上能够动作快一点，我就给你过生日。"

上学迟到就意味着不能过生日，3岁的A宝宝很容易就明白了这个道理，后来再也不迟到了。只要让孩子明白，不遵守时间会有什么后果，孩子就会很自觉地遵守时间。

家长的正确做法

「上学要迟到了！迟到会怎么样啊？」要让孩子明白，『遵守时间，迟到会怎么样啊？』是自己的事情』！

让孩子学会自己"管理时间"

本书的目标

　　本书的目标，就是在家长催促"快去做！"之前，让孩子能够自己去思考："现在该做什么？"，然后主动地去做。

　　早上上学不迟到，回到家先完成作业，睡觉之前把明天需要的东西准备好，准时和爸爸妈妈说"晚安"，早早睡觉。

　　合理分配时间，必须做的事情、自己想要做的事情，都一一安排好。像这样，教会孩子合理利用时间。

　　可能有的家长会说："这不可能！我家孩子做不到这些！"

　　如果家长这样想，那就大错特错了，你家的孩子也是可以做到的。在家长的指导下，孩子是可以从小逐步学会自我思考、合理利用时间的。但绝对不是在家长的军事化管理下，命令孩子、催促孩子去做什么。

　　最重要的是让孩子有时间观念。家长可以循序渐进地指导孩子从

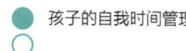

小培养时间观念。

步入社会之后,我们需要守时守信,有计划、有条理地做事情。很多人成年之后才不得不学着这么做,实际上从小就应该学会这么做。

一开始,家长和孩子都要付出一些努力。这是为了让孩子学会合理利用时间,长大后能够自己管理时间,对孩子来说,这是很重要的技能。

家长要掌握好"方式方法"

我在美国参观过一些小学、初中,那些学校布置长期作业,学校、家长双向配合,对孩子们进行有计划的训练,也就是"高效时间管理"的课程训练。这本书是在这个"高效时间管理"的基础上,结合当地的实际情况,告诉大家如何培养孩子自我管理时间的能力。

至于如何与孩子沟通,JAM网站将推荐给大家一些"方式方法"。

这里的"方式方法",指的是站在双方的角度考虑问题的沟通方式。在指导孩子的时候,家长要注意自己的语气和措辞。

有时,亲子间甚至还会用到商业上的沟通与谈判技巧。这里的沟通和谈判技巧,是在体育教练指导、服务咨询、行为学、领导行为方式理论的基础上发展而来的,盛行于美国的沟通交流技巧及方法。多了解孩子的想法,让孩子自主提问,自发地去行动——这是儿童教育的一种有效方法。

接下来,让我们按照书中的方法,教会孩子如何进行"时间管理",最终能够像成年人那样合理安排时间,成为一个独立的人!

家长的正确做法

让孩子自己意识到问题所在,自己去思考原因,自己去解决问题。如此反复,在失败中不断成长。

2

家长需要考虑的问题

为什么要让孩子学会时间管理

为了培养孩子的诚信品质

作为社会一员,守时是社会诚信的基本行为规范。并且,我们还要在规定的时间内完成约定的工作,提高工作效率。

能够做到这些,一个人才是负责任的,值得社会、伙伴信赖的社会成员,才能赢得社会的尊重与信任。

有的家长会觉得,我家孩子还小,步入社会是很多年以后的事情,不着急。其实,父母从孩子小时候就要一点点教他怎样做人做事,这和学习文化课一样重要。再小的孩子,终归也要长大的。

"小孩子嘛,没办法的事情。""我家孩子还小呢。"当你在说这些话的时候,孩子已经在一天天地长大了。

教孩子学会时间管理,不是一遍遍地催促:"快去做!快去做!"而是要让孩子明白为什么要管理时间,让孩子能够自我管理。家长要帮助孩子掌握基本的社会行为规范。

家长需要考虑的问题

为了让自己的时间过得更充实

说实话,孩子们有没有考虑过,自己的时间该如何度过?

不光是小孩子,成年人平日里有没有意识到,"自己的时间"该如何度过?每天忙于工作,时间就这么一天天过去了,你有没有仔细考虑过这方面的问题?

要想让自己的时间过得有意义,就必须思考,自己到底想要做些什么。

"想要做什么?""喜欢做什么?"想知道这些问题的答案,是积极面对生活的第一步。即便孩子现在可能不知道自己喜欢做什么,也要引导孩子思考这个问题,让孩子心里有一个疑问:"我到底想要做什么?"这样一来,孩子就能自己找到答案了。

即便是成年人，很多人都是浑浑噩噩地度过每一天，总觉得时间仿佛是无限的。实际上，时间一去不复返。逝去的时光再也回不来了。

合理安排时间，不仅仅是社会行为规范的需要，也能让生活变得更丰富，充实个人的人生。

家长的正确做法

"现在应该做什么呢？"

当你觉得孩子还小的时候，孩子已经在一天天地长大了。

让孩子自己思考：「现在应该做什么？」让孩子时时刻刻体验到自主和充实的感觉。

● 家长需要考虑的问题

了解孩子的时间感

为什么小时候总觉得时间过得很慢呢？

随着年龄的增长，我会觉得时间过得越来越快——总觉得小时候的时间感和成年以后的时间感是不一样的。

大家是不是有同样的感受？

山口大学时间学研究所的井上慎一教授曾说："随着年龄的增长，觉得时间过得越来越快，无论性别或国籍，这都是人类共通的感受。"在10岁孩子的眼里，一年是有生以来的1/10，在50岁成年人的眼里，一年是有生以来的1/50，也就是说，孩子眼中的一年与成年人眼中的一年是不一样的。另外，人类的时间感是由大脑的海马体决定的。

井上教授在《柔软的生命时光——生命的时间学》（秀和系列口袋书）中写道：

"人是通过海马体记忆的，在两侧耳朵深处各有一个海马体，海马体受伤，就会失去时间感和记忆。海马体对一件事发出'要记忆'指令的次数越多,在事后回忆时,我们就会感觉时间过得越慢。小孩子对各种事物都感到新奇,海马体也频频发出记忆指令,所以小孩子就感觉一年过得很慢。"

换言之,小孩子眼中的新鲜事物多,所以感觉时间过得慢。大家有没有这样的体验,与平日里的生活相比,旅行中感到时间过得很慢?那是因为旅行中充满了新鲜事物。

日常生活中充满了新鲜事物,所以觉得时间过得很慢,这就是小孩子的时间感。

孩子的眼里只有"现在"

太阳升起来了,"啊,早上了——"于是睁开眼睛;太阳落山,天色暗淡,于是知道是晚上了。回想小时候,我们只有这种大致的时间概念。

小孩子没有精确的时间概念,对于过去的时间,小孩子分不清什么是"刚刚""昨天""前天""之前""很久以前"。

家长需要考虑的问题

另外，对于将来的时间，小孩子也不知道什么是"明天""后天""一个月后""一年后"。小孩子能够感觉到的，就只有"现在"。

正因为小孩子的眼里只有"现在"，感觉不到时间的流逝，所以小孩子往往会毫无意义地打发时间，在成年人眼里是浪费时间，可是小孩子乐此不疲。

所以小孩子也不会有"这么做又没有用""这么做太累了，还是算了吧"之类的想法。这未尝不是件好事。

或许在大人眼里，一件没有意义、浪费时间的事情，在孩子的成长过程中却是必不可少的。

孩子每天都在摸索中成长

家长在养育孩子的同时，不妨回顾一下自己小时候，你就会发现，孩童时代的经历是在为成年做准备。

孩子在一次次成功和失败中成长。

然而有些家长不让孩子做任何事情，什么事情都帮孩子做了，可是直到某一天，突然对孩子说："你已经上×年级了，应该自己做了。""什么，自己不会做？"让孩子一夜之间学会自立，这是不可能的事情。

体验，对孩子成长非常重要。虽然尝试新鲜事物的时候会失败，但孩子会模仿家长的做法，慢慢就学会了。孩子在一次次失败中，不断地学习成长。

在孩子成长的过程中，我们不妨逐步教导孩子学会自我管理时间。

在日常生活的点滴中，可以让孩子试着管理时间。不要操之过急，我们不妨一点一点地培养孩子的自立能力。

家长的正确做法

孩子的世界犹如童话一般。我们不妨『慢慢地』『一点一点地』引导孩子。孩子思想上的自我成长同样很重要。

家长需要考虑的问题

要让孩子明白，这到底是谁的时间

不妨让孩子碰壁

想让孩子学会自我管理时间，就要让孩子自己去思考：为什么要守时？

A女士住在美国的那段时间，每天早上都要开车送孩子们去小学。早上8点钟必须出门，孩子们却一点儿也不着急，一直盯着电视看，直到临出门了，才匆匆忙忙地收拾东西，这个坏毛病怎么也纠正不过来。"快点！""要迟到了！"没有哪一天不催促。终于有一天，A女士对此感到厌烦了，于是对孩子们说道：

"妈妈再也不会催你们'快一点'了。但是，妈妈每天早上8点准时开车出门。知道了吗？"

"知道了。"孩子们当即答道。但是第二天早上，孩子们把昨天的话忘得一干二净，还是像往常那样磨磨蹭蹭。

A女士这次没有再催促，一到8点，就准时开车走了。

孩子们惊讶地张大嘴巴,傻傻地看着车开走了。A女士无视孩子们的表情,直接像往常那样开车去学校,然后在校门口停车,再像往常那样开车回家。

"啊?妈妈真的开车去学校啦!"

这下子,孩子们明白是怎么回事了。第二天,A女士什么也没说,孩子们就以最快的速度完成准备工作,在8点钟之前准备好一切,乖乖地等着出门。

只要让孩子意识到守时是"自己的事情",他们就会自发地行动起来。

让孩子自我管理

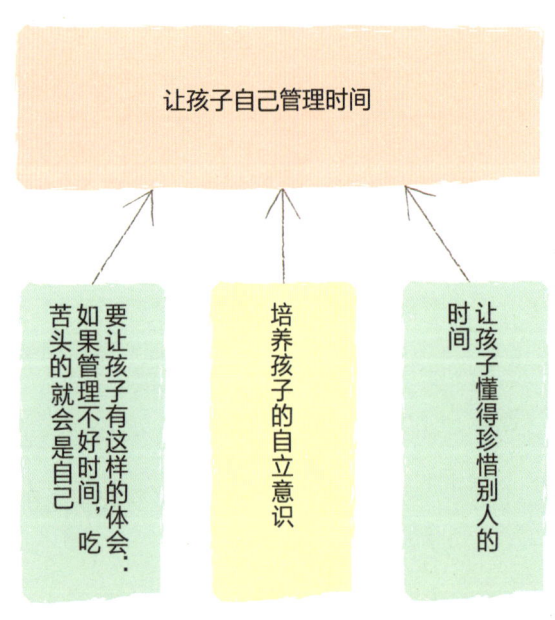

● 家长需要考虑的问题

孩子在自立中成长

朋友的丈夫去世了,朋友把孩子们叫到身边,对他们说:"从今往后就由妈妈一个人来照顾你们了,肯定没有以前那么好。希望你们两个人能变得坚强一点,自己的事情自己做。"

朋友明确地告诉孩子们,今后自己的事情必须自己做了。

从那以后,不需要妈妈催促,孩子们自己就起床了。甚至有的时候,朋友早上起床起晚了,孩子们会叫妈妈起床:"妈妈起床啦。"

虽然起因是一件悲伤的事情,却让孩子们变得成熟自立。

"不能什么事情都指望妈妈。我们要坚强起来。"孩子们自此有了自立意识,自己会思考,现在该做什么,然后主动去做。

时间对于每个人来说都是宝贵的

时间是自己的,但也是别人的。

美国朋友 I 女士,对我说过这么一件有趣的事情。

I 女士对她的 3 个孩子说:"当妈妈坐在'妈妈的椅子'上时,无论是读书,还是织毛衣,都是属于妈妈自己的时间哦。"

于是乎,每当 I 女士坐在那把椅子上时,孩子们都不会来打扰她。因为孩子们明白,妈妈也有属于自己的时间。当然了,当 I 女士不坐在那把椅子上的时候,也会和孩子们玩耍,享受和家人在一起的快乐时光。

要耐心地教导孩子,不仅要珍惜自己的时间,还要珍惜父母的时间。只要让孩子明白珍惜他人时间的重要性,孩子就会自发地守时守信了。

时间对于每个人来说都是宝贵的。要让孩子懂得,像珍惜自己的时间那样去珍惜别人的时间。

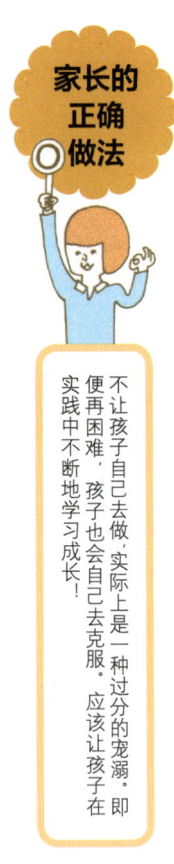

家长的正确做法

不让孩子自己去做,实际上是一种过分的宠溺。即便再困难,孩子也会自己去克服。应该让孩子在实践中不断地学习成长!

家长需要考虑的问题

我们不妨了解一下，自己是怎样的家长

来看一下你是哪一种类型的家长吧。

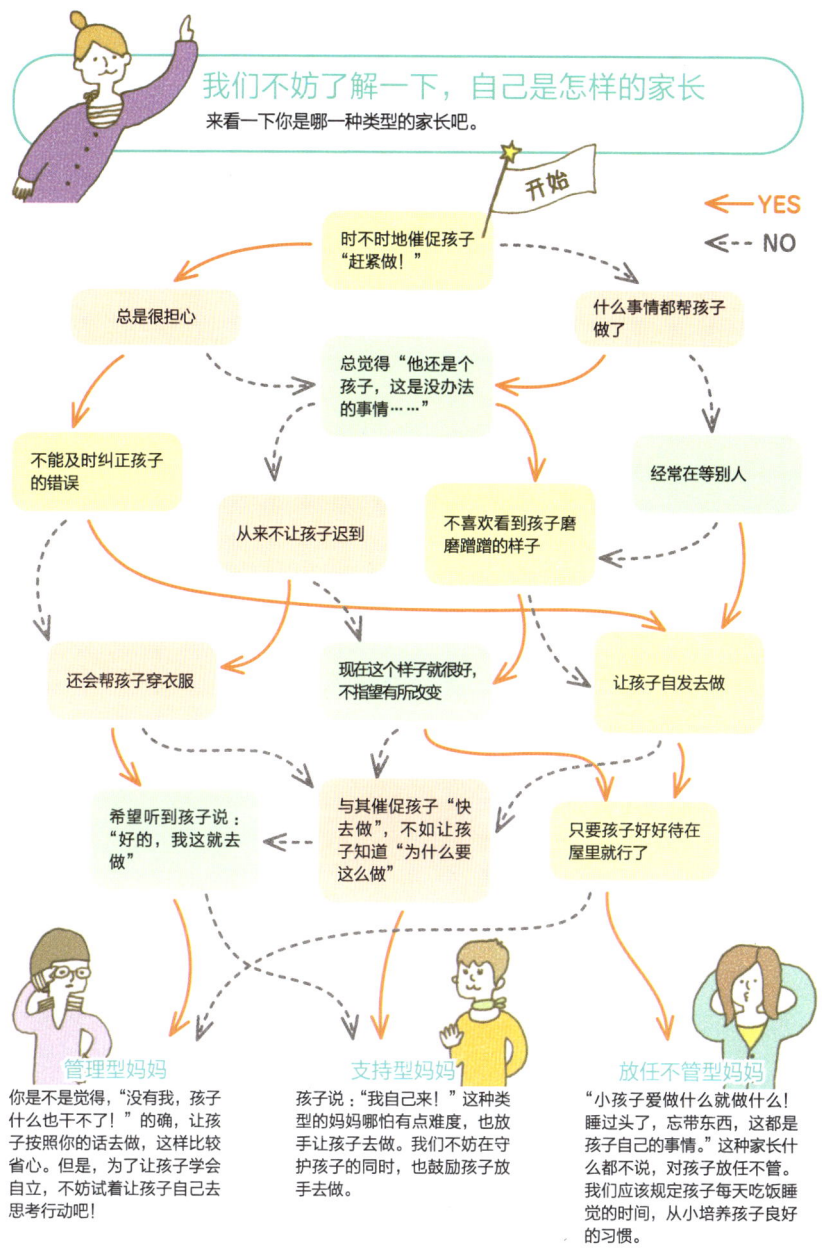

管理型妈妈
你是不是觉得，"没有我，孩子什么也干不了！"的确，让孩子按照你的话去做，这样比较省心。但是，为了让孩子学会自立，不妨试着让孩子自己去思考行动吧！

支持型妈妈
孩子说："我自己来！"这种类型的妈妈哪怕有点难度，也放手让孩子去做。我们不妨在守护孩子的同时，也鼓励孩子放手去做。

放任不管型妈妈
"小孩子爱做什么就做什么！睡过头了，忘带东西，这都是孩子自己的事情。"这种家长什么都不说，对孩子放任不管。我们应该规定孩子每天吃饭睡觉的时间，从小培养孩子良好的习惯。

通过时间管理，
让孩子养成良好的生活规律

小学生每天要保证 9 小时的睡眠

有规律地过好每一天是学会时间管理的第一步。首先要学会安排每天每小时需要做的事情，然后才能管理更长的时间。

对于小孩子来说，首先要学会每天早睡早起。

规律的生活不仅有助于身体健康，还能强化孩子对时间的概念，培养孩子的时间感。

接触阳光是应对"时差综合征"的特效药。据说人体沐浴阳光，可借此来调整体内的生物钟。早睡早起有助于培养和增强孩子的时间感。

● 家长需要考虑的问题

小学生每天应保证9小时的睡眠。小儿神经科专家神山润在《"深夜"的脑科学》(中央公论新社发行)一书中说道:不但要保证睡眠时间,还要早睡早起。

早睡早起很重要,虽然要保证睡眠充足,但这并不意味着早上可以睡懒觉。

一个美国朋友曾经对我说:"对于发育期的孩子来说,确保充足的睡眠时间很重要,必须在规定的时间上床睡觉。早上几点必须起来,那么往前推9小时,就是晚上必须睡觉的时间。"

美国、日本都有相关的研究报告,睡眠时间不足、晚上不睡觉,这些是导致孩子学习成绩差的重要原因。

有的孩子小时候能够做到早睡早起，上学之后开始熬夜；有的孩子经常晚上不睡，还振振有词，"不看这个电视剧，明天和小伙伴们就没有共同的话题了"；还有的孩子，作息规律和家长一致，家长晚上有工作要熬夜，孩子也就跟着不睡觉。为了让孩子能有一个规律的生活，家长要尽量调整作息时间，起到表率作用。

想让孩子的生活过得既健康又有规律，家长必须付出努力。

孩子应该有"孩子的作息时间"。

想当年，我在小学六年级以前，每天晚上 8 点钟就睡觉了。如今我已经是一个彻头彻尾的夜猫子，所以回想过去，觉得有点难以置信，当年父母总是对我说："晚上是大人的时间，小孩子早点睡觉。"

不过，星期六和节假日例外。因为星期天早上可以睡到 9 点，星期六晚上全家会一起看恐怖片。所以小时候，最快乐的就是星期六。

另外，小时候去亲戚家，和堂姐妹一起玩，晚上可以睡得迟一点，早上可以迟点起，那是我印象中最快乐的时光了。尤其是除夕夜，可以熬到很晚才睡。过了 12 点，眼睛都睁不开了，但是这种熬夜的感觉，还是让人感到很兴奋，简直就像是在梦里一样。

正因为平日里生活有规律，偶尔放纵一下才会倍感喜悦。正是因为有"约束"和"不自由"，才会让孩子在"自由"的时候，体会到非同寻常的快乐。

小孩子总是憧憬着"快快长大""要是变成大人该多好啊"，因为在孩子看来,"长大成人之后,想做什么就能做什么。大人比孩子更自由。"

倘若过度放任自流,孩子就不想长大了。

小孩子的作息时间不能和大人一样。为了孩子的成长,应该让孩子养成早睡早起的生活习惯。孩子的童年要自由自在,但不能没有规律。

感受"时光"的流逝

樱花开了,春天来了;路边的银杏树叶子黄了,秋天到了。随着季节的变化,我们感受到了时光的流逝。

时间管理的训练步骤

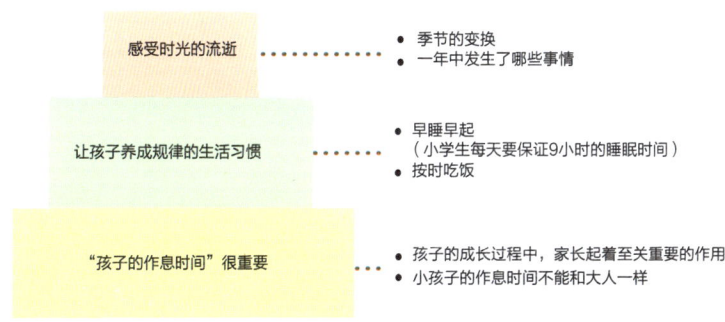

春节、女儿节、鲤鱼节、花火大会、中秋、圣诞,以及家庭成员

家长的正确做法

早睡早起,保证充足睡眠。按时吃饭,头脑更聪明。家长要为孩子提供良好的成长环境。

的生日,这些日本传统和特殊的日子,能够让人们感受到时间的流逝,并给生活增添色彩。每逢季节变换、节日来临,人们总能回想起往事,"去年的时候是那样的……"从而切身感受到时光的流逝。这些传统的日子,就是时光的一个个节点。

即便没有这些纷繁的节日活动,在花瓶里插上一支应季的花朵,稍微做一些季节性的陈设,餐桌上摆放着应时的蔬菜,这些带有季节色彩的事物,给我们每日的生活带来变化。

这样的细节,能给我们的心灵带来新鲜的养分。

我们不妨通过这些季节性的活动,让孩子过上一个充实的童年。同时,让孩子更加感性地理解时间。

家长需要考虑的问题

训练开始！

加强孩子的时间意识

把时间和行动联系起来

大家不妨在前文的指导下,对孩子进行系统的时间管理训练。

首先,要教孩子认识时钟和时间。

看一看时钟,就知道是几点了,即便是小学生,也应该有这种时间概念。现如今,日本的小学二年级开设了"时钟与时间"的课程。在教孩子们认识时间之前,要先教会孩子们认识"时钟"。

孩子小的时候,看不懂钟表上的时间,家长会告诉孩子:"马上就要××点啦。"或者说,"当短一点的时针走到数字3那里的时候,就是吃点心的时间。"相信有不少家庭都是这样教导孩子理解时间的。

如果这样的沟通能够更进一步,父母有意识地引入时刻的概念,就能帮助孩子把生活和时刻联系起来。

"7点了,该起床了哦。"

"10点的时候要出门哦,在那之前要准备好。"

训练开始!

"都5点了,差不多该收拾收拾了!"

父母有意识地帮助孩子把"时刻"和"行动"联系起来,能帮助孩子在生活中自然而然地理解时刻的概念。时刻是简单的数字,却能让孩子把"生活"和"时间"连接起来。

每个房间都放一个时钟

现在,不光看手表能知道时间,电视机、手机也能告诉我们现在几点了,因此我们很少能体会到不知道时间的不便。但是,为了让自己更好地管理时间,在每个房间都放置一个时钟吧。这样一来,孩子就更容易理解时刻的概念。

相较于直观的电子时钟，有时针分针的钟表通过长短针的位置变化，能让孩子更容易感受到时间。

过去，很多家庭里都有报时时钟。孩子数着时针，期盼快到"点心时间"；赖在床上的时候听到时钟报时，就知道不能再赖床了；夜里听着时钟的报时，就知道现在已经是深夜。时钟的每一次报时，都会引发孩子不同的想法。我极力推荐大家使用这种能"听出时间"的时钟。

每天下午5点，从K居住的地方能听到从寺庙里传来的钟声。"寺院的钟声响了，要回家了。"虽然不知道这是谁起的头，但这成了大家一同回家的信号。有的地方在这个时候还会响起"乌鸦，你为什么鸣叫"这样的歌谣（编注：在中国，这样的声音信号并不多见，家长可以寻找所在城市特别的声音信号给孩子做练习）。

通过声音来感知时间，确实不错。

> **家长的正确做法**
>
> "你觉得现在几点了呀？"
>
> 孩子可以通过猜测，进一步认识时刻。这是让孩子通过不同感官认识时刻的一个好方法。

训练开始！

训练

1

现在,几点?
培养时间意识

如果父母有空,可以让孩子来猜一猜现在几点了。

做法

① "现在几点了?""现在,你认为是几点呢?"父母可以在和孩子聊天的过程中,有意识地引入时间的概念。这个时候,不要让孩子看时钟,让他猜一猜,现在到底几点了。
② 父母可以通过类似于"猜错啦!现在已经4点15分啦!"或者是"猜对啦!"这样的话,来营造游戏的氛围。

要点

* 外出的时候,父母可以问问孩子:"现在几点了?""现在太阳这么高,是不是快12点了。"通过简单的对话,父母可以和孩子来比赛猜时间。
* 在野外的时候,有很多线索能够帮助我们了解现在的时间。比如,通过太阳、影子、月亮、星星,或者是通过人流密度也能大概猜出此刻的时间。父母可以让孩子了解时间的变化会带来的自然、人和事的变化。
* 在猜测时间的过程中,父母可以帮助孩子意识到时刻的变化,帮助孩子更好地了解时间。

感受时间

停滞的时间和飞逝的时间

时间,由连续不断的"时刻"链接而成。

时刻的划分有清晰的基准,而时间却没有,就算是同样的时间,不同的人在不同的场合也会对时间的长短有不同的感受。

比如,人在观看喜欢的漫画和电影、开心地聊天、投身于某一件热衷的事的时候,总会觉得时间过得很快。而在无聊、等待的时候,就会觉得时间过得慢。等待信号灯变红的时候,就算只有短短几秒,依然会让人觉得等了很久。

你是否也觉得,去约定的地方,去的时候和回来的时候明明是同样的路程,但感觉时间完全不同呢?

同样的路程,同样的时间,去的时候因为担心迟到,焦急的心情反而让时间"变长",回来的时候,因为不着急了,自然觉得时间"变短"了。

训练开始!

这样的心理差别,造成了一个人对时间长短的不同感受。同样的时间,在不同的心理作用下,时而让人觉得长,时而让人觉得短。

这一小时长如永远还是短若一瞬,就看当事人在那个时间里做了什么。钟表上的数字可以指示时间,这段时间里到底做了什么,更容易影响人对时间长短的判断。这也是时间的特性之一。

父母可以和孩子一起思考一下,为什么同样的1分钟会有"漫长的1分钟"和"飞快的1分钟"这样的差别。

例:就算是1分钟,也觉得很长

○ 等待红绿灯从红变绿的时间,堵在路上的时间。
○ 想去洗手间,但是里边的人不出来,自己只能在外边等候的时间。
○ 听到无聊的话和发怒的时候。

例:飞快的1分钟

○ 快到截止日期,着急赶时间的时候。
○ 观赏有趣的电影、电视节目,或者是旅行的时候。
○ 和家族成员和友人一起,愉快地聊天的时候。

尝试来计算一下时间

"你可不可以去遛遛狗呀,带它到学校附近溜达一圈就行了。"上小学的 M 在妈妈拜托他去带狗散步的时候,果断地拒绝了妈妈:"我没空。"听到孩子的回答,妈妈说道:"没有时间吗?溜达一圈也就 10 分钟呀。"

"10 分钟的话,那还是可以的。"听到妈妈的话,M 虽然不情愿,还是带着狗出去了。以 M 的年纪,还无法把时间和距离联系起来。

一般而言,走 1 千米大概需要 15 分钟(在时速 4 千米的情况下),如果父母能够有针对性地对孩子进行训练,帮他了解时间和距离之间的关系以及完成某项行动和所需时间的关系,就有助于培养孩子的时间观念。

家长的错误做法

「要耗到什么时候呀!」

如果孩子形成了时间观念,在父母督促孩子之前,孩子就能自己行动。

训练开始!

<对象>
会写数字的幼儿园孩子

训练
2-1

明白了什么？
意识到时间

父母可以让孩子估算一下，自己做的事儿，大概会花费多少时间。

需要准备的东西

- 电子手表（冰箱等电器上显示的时间也可以）
- 纸（把早上要做的事写下来，排好顺序，制成表格）
- 笔记用具

做　法

① 决定好早上要做的事情，排好序，写入表格。
② 早上一起床，就把起床时间填入表格。
③ 每做完一件事，把完成的时间依次填入表格。
④ 在父母的帮助下，计算出每件事花费了多少时间。
⑤ 父母可以和孩子一起看着表格，聊聊感想。
　　"这几件事，哪件事最费时间呢？"
　　"换衣服用了这么长时间啊？"

〈对象〉
小学三年级以上

训练

2-2

花费了多少时间?

意识到时间

在现实生活中,我们会去学校、去公园、去朋友家玩,也会上辅导班和才艺补习班。你有没有想过,自己去那些地方要花费多长时间呢?父母可以让孩子试着估算一下路上会花费多长时间,然后和孩子核实一下是不是这样。

要 点

* 父母可以让孩子在感想栏里,填进表示心情的小脸。如果做的结果和孩子自己预想的一样,就填一个笑脸;如果和预测的不同,就填一个哭脸。标记可以写得大一点儿,以此来提升趣味性。

	预想	实际	感想
学校	分	分	
公园	分	分	
朋友家	分	分	
辅导班	分	分	
练习教室	分	分	

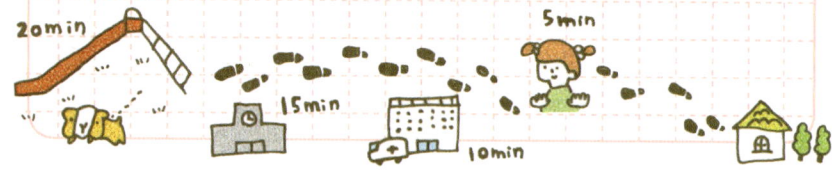

● 训练开始!

观察生活

找到自己的生活节奏

为了让孩子学会管理时间,首先要让孩子了解自己一天的生活(自己的生活模式)。

父母可以引导孩子想一想,每天起床和睡觉的时间是几点。

几点起床,几点睡觉?

白天可以做些什么呢?

几点睡觉比较合适呢?

父母可以问问孩子,自己的一天应该怎样度过。

K 的日常生活

几点起床……   早晨6点半要练习篮球
几点吃早饭……   因为早上要练习篮球，所以6：50吃早饭
几点出家门……   因为早上要练习篮球，所以7：15出家门
从学校回来的时间…… 每天虽然回家的时间都不尽相同，一般情况下是4：00到家
睡觉的时间……   晚上9：30
                     9：00是睡觉时间，早上起床时间不同，睡觉时间也不同
玩的时间……   大概一个半小时

● 训练开始！

为了帮孩子掌握自己的生活节奏,孩子可以和家人一起来确认一下自己的行动。

家长的正确做法

"能增加不少欢乐的时光呢。"

回顾一天的生活,就会发现,磨磨蹭蹭浪费了不少时间。"能增加不少欢乐的时光呢。"父母可以通过这样的语言引导孩子,度过轻松快乐的时光。

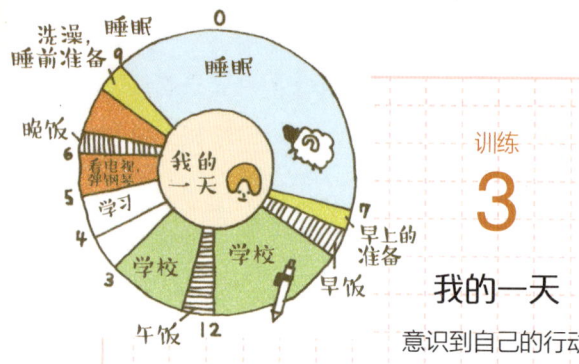

训练 3

我的一天
意识到自己的行动

你每天是如何利用自己的时间的呢？父母可以帮孩子，把孩子一天的行动通过一个圆形图表表现出来，这样一来，孩子就能清楚地知道自己一天到底是怎么过的了。

需要准备的东西
◦ 纸　◦ 圆规　◦ 量角器　◦ 彩色铅笔　◦ 父母要先做一个1天24小时的圆形图表

做　法
父母可以帮孩子把一天的行动用图表表示出来。用不同的颜色标记不同的行动，这样一来，各项行动到底占用了多大的时间比例，就能一目了然。

需要注意的事
- 父母可以帮助孩子把一天的时间分成20份，这样便于实际操作。
- 填写要做的事时，先不用考虑得太详细，像早上洗脸、刷牙、换衣服这样的事，可以简单概括为"早上的准备"，像"吃点心""看漫画"这样的事，可以用"休息""玩耍"来概括。
- 看电视的时间里写上"看电视"。

需要确认的事
- 睡觉的时间能保证充足的睡眠吗？
- 早上起床的时间不会影响上学的时间吗？

要　点
* 爸爸妈妈也可以制作自己的圆形图表，让孩子了解父母的时间安排。孩子通过图表，能够了解到父母在工作上花费了多少时间。比如，爸爸在工作上花费了大量的时间，妈妈在家务上耗费了大量的精力。通过图表，孩子可以认识到，家务劳动也要花费很多时间。

训练开始！

给时间分段

珍惜有限的时间

你是不是常常觉得，时间多的是，做什么都可以不慌不忙地慢慢来？心里这么想着，结果往往是，你完全忘了该做的事，事到临头才开始手忙脚乱地赶时间。

也有这样的情况，手头的事情堆积如山，集中精力去处理的时候，事情其实比想象的进展更顺利。

比如，家务。客人突然来访的时候，总能在短时间内把房间整理干净。因为大脑一直在飞速运转，思考怎样能最快做完。一开始觉得有些麻烦的事，此刻却能出乎意料地迅速完成。"也不是做不到嘛！"我自己也时常对此感到惊讶。

N是女子芭蕾社团的队员，现在上中学三年级，为了参加地方选拔赛，每天刻苦练习，与此同时，她还要准备高中的入学考试。

在繁重的芭蕾练习结束之后，她还要去辅导班补习功课，回到家已经筋疲力尽，洗完澡之后马上去睡觉。为了能够考上心仪的学校，N每天很早就起床，在上学之前多学习两个小时。凭借不懈的努力，N终于考上了自己向往已久的学校。

W作为一个上班族妈妈，平日里没有时间准备每天的晚餐食材和生活所需，只能把这些都堆在周末集中解决。早上起来，先洗衣服再打扫，利用搭电车的时间回复邮件，竭尽所能高效利用时间。

这样挤出来的时间就是空闲的时间，可以用来读书，或者和孩子们一起做一些开心的事。每天在孩子睡觉之后，她都会享受自己的咖啡时光。虽然只有短短的10分钟，但是正是这短短的10分钟，让她能够摆脱生活的疲惫，获得心灵的宁静。

不同的人，利用时间的方法不尽相同

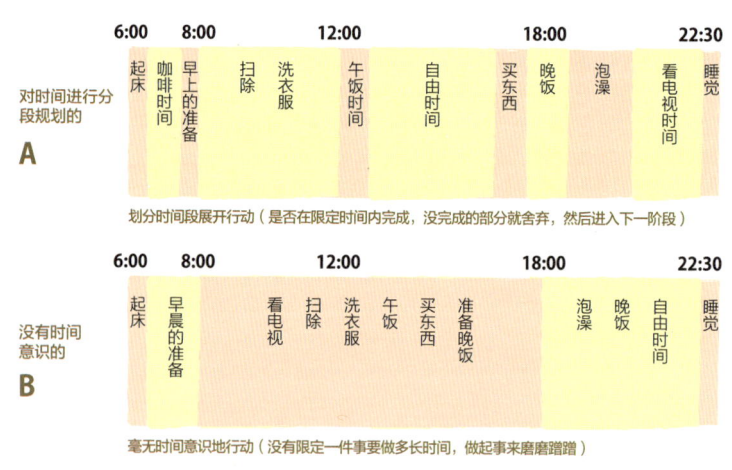

训练开始！

不论 N 还是 W，都没有以"太忙了"为借口，而是努力提高自己使用时间的效率，不断从生活中挤出时间去做更多的事。

善于利用时间的人都有一个共同的特点，就是能给时间画一个框架，然后在这个框架内高效地利用时间。比如，预先设定好"从几点到几点，是做什么的时间"，这样就能更高效地利用时间。

大家一起养成给时间设定框架的习惯，培养自己的专注力吧！

"现在是做这件事的时间"

在美国的幼儿园和家庭，经常会在日常生活中提醒孩子：It's time to ××（现在是做什么事的时间）。

"现在是学习的时间哦。""现在是老师讲话的时间。""现在是可以好好休息一下的时间。"父母在告诉孩子该做什么事的时候，要把具体的目标明确告知孩子。

时间是看不见的，如果我们无法做到有意识地划分时间，时间就会在不知不觉间溜走。我们应该时刻提醒自己"现在是做什么事的时间"，借此养成划分时间的习惯。

我孩子上的幼儿园，设立了一段"安静时间"。

"安静时间"只有短短的 10 分钟，但是在这 10 分钟内，所有人都不能讲话，也不能发出任何声音。

平日里吵吵闹闹的小孩子，每天一到"安静时间"，就会"一反常态"

地保持安静，默默地坐在椅子上。

"从现在开始的 10 分钟，大家要保持安静呀！"这样明确地指出这段时间的目标，年幼的孩子也能做到。

孩子们可以问一下"要到几点结束呢？"

小的时候，恐怕谁都会选择先做喜欢的事，再做必须做的事。想先玩儿再做别的事，这很自然。对于孩子来说，玩游戏、看漫画、出去玩的时间是非常重要的。

但是，在让孩子自由行动之前，要先确认孩子是否能够约束自己的行为，这一点非常重要。

在这种情况下，就可以采取"设定做事时间期限"的方法。

训练开始！

在孩子开始行动之前，和孩子约定好结束的时间。

如果孩子和父母说，打算用一个小时来做完一件事，那么父母一定要和孩子一起，看着钟表确认时间："那就是 × 点 × 分截止。"

"1 点开始做的，现在已经超过 15 分钟了哦，再做 15 分钟一定要做完呀。"为了避免不愉快，父母和孩子一定要在一开始就定好时间期限。

孩子开始做之前，父母要用严肃的态度和孩子确认结束时间。到约定时间前 10 分钟的时候，父母可以提醒孩子："还有 10 分钟就要到约定时间了。"

家长的正确做法

"待会儿再做，具体是几点呢？""要到几点呢？"

如果父母在问孩子的时候，孩子说"待会儿再做"，父母一定要和孩子确认他说的"待会儿"到底是几点。

训练

4

划分时间
按照时间约定来完成工作

父母可以让孩子在现实生活中,实际尝试一下划分时间。可以先从孩子平时做起来就没完的事情开始着手,比如玩游戏、看漫画。

需要准备的东西

○ 首先,可以按照下面的插图做一个"时间指示板"

| 表盘式 | 用厚纸板来做 | 电子式 | 用12枚小纸板和3个分栏 |

在表盘的中心扎一根针,这样指针就能转动

调整到和孩子商量好的时间,放在孩子能看到的地方

① 数字1~12
② 数字0~5
③ 数字0~9

翻至决定好的时间放到孩子能看到的地方

做 法

① 玩游戏、看漫画的时候,父母要和孩子约定好"从几点到几点"。
② 父母要把和孩子商量好的"时间指示板"放到孩子能看到的地方。
③ 快到约定的结束时间时,父母可以提醒孩子"差不多就要结束了"。如果已经超过了约定时间,父母一定要注意轻声提示孩子"已经到时间了哦。"

要 点

* 首先,父母要了解孩子的作业量,这样才能帮孩子监督完成效果。如果孩子没能在规定时间内完成,父母一定要注意提醒孩子已经超时了。要和孩子重新沟通一下,看看有没有必要更改一下完成时间。

训练开始!

列清单整理大脑

要在脑海中明确"必须要做的事"

孩子念了小学之后,要做的事情越来越多。不光要完成学校的作业,还要上辅导班,去参加各种训练。仔细一想,孩子每天从学校回来,到晚上睡觉的时间,其实很有限。除去吃晚饭和洗澡的时间,可用的时间实在少得可怜。

但是,很多人都不知道该如何利用这几个小时。如果没有合理安排这段时间,到临睡前就会发现:"该做的事还没做!"第二天出门之前,才发现要带的东西还没整理好,会忘东忘西也就不奇怪了。

要想高效地利用时间,必须分清楚,什么事是"必须做的",什么事是"想要做的"。

父母要引导孩子思考一下,什么是"必须做的",什么是"想要做的",然后让孩子把这两项分别列出来。参考孩子的清单,就能知道在特定的时间该做些什么啦。

把想到的东西都写出来

列清单,就是把脑海里的想法都写到纸上,然后通过清单来确认,什么是必须要做的事。父母可以让孩子罗列购物清单、每天要做的事,并养成习惯。

美国的孩子经常开展"头脑风暴",所谓头脑风暴,就是把脑海里能想出来的东西一股脑都列出来。

我也从"列清单"这个方法中大受裨益。每天早上,我都会把今天该做的事情清清楚楚地列出来贴在墙上。

像扔垃圾和给花浇水这样虽然简单但是不能忘记的小事,我也会写出来。每当完成一件事,就可以把那件事"划掉",每划掉一件事,

56

整个人都会感到神清气爽。而这份成就感，也能成为督促行动的利器。

父母可以和孩子一起，把从幼儿园或者学校回来之后需要做的事列出来。

现如今，不少小学都设立了"家长联络本"，本子上会记录孩子当天要完成的作业，父母可以和孩子一起阅读联络本，让孩子把必须要做的事情写出来。这个时候，家长可以让孩子把和学校无关的事也一并列出。在写的过程中，不必判断哪些是重要的，哪些是琐碎的。如果孩子还不能流畅地读写，可以让孩子口述，由父母代写。

列清单有助于孩子制订可实施的有效计划，是提高孩子生活效率的好方法。就算孩子上了高年级，甚至长大成人，依然能从这个办法中受益。所以一定要养成列清单的习惯。

引发孩子思考的对话

父母让孩子列清单的时候，可以对孩子说："我们一起来思考一下怎么样？""你想做什么呢？""有什么事是必须做的吗？"

有时候，孩子可能无法回答父母的这些问题，这时候父母可以问孩子一些具体的问题："你今天想要看什么电视节目呀？""今天都留了什么作业呀？"

或者通过这些问题给孩子提个醒，比如"今天练习弹钢琴了吗？"这个时候父母需要注意，不要先于孩子说出"你该做的事是××和××。"

列清单的时候，可以让孩子尽可能写得具体些。

比如，"看电视"要写清楚"几点到几点，打算看什么节目"，"玩游戏"要写清楚"今天玩多长时间的游戏"。

家长的错误做法

"给我好好做！"

如果父母总是先一步指示孩子该做什么，就无法培养孩子自主思考的能力。

训练开始！

训练

5

想做的事情 vs 必须做的事情
列清单

我们和孩子一起,把想做的事和要做的事列出来吧。
等孩子列完清单,父母可以和孩子一起确认一下是不是写全了。在确认清单的过程中,孩子能对要做的事有一个清晰的认识,这个过程虽然很简单,却能在孩子实际行动的时候起到意想不到的效果。

做 法

列出清单吧。

想要做的事是什么?	必须做的事情是什么?
(例)看漫画	(例)复习算数(2页习题)
看电视	复习社会课内容(1页习题)
(几点到几点做什么)	练习写汉字(1页)
	钢琴练习
	毕业设计

要 点

* 首先,孩子刚开始写清单的时候,可以把家长的意见"放到一边",完全按照自己想的来写。
* "必须做的事情"并不只限于今天要做的事,父母可以让孩子把要做的事情全部写出来。

给"想做的事"和"该做的事"排序

要意识到,哪些事是必须做的

列出清单之后,父母可以问问孩子,在所有"想做的事"和"该做的事"中,哪些事是无论如何必须要做的,然后把这些事标记出来。

如果平时习惯用图案"○"做标记,那对于特别重要的事可以用图案"◎"来做标记。同时让孩子给清单上的事排序。

父母要学着理解孩子关心的事

有时候,父母无法认同孩子的排序。比如,孩子可能只写了"想要做的事",或是孩子可能计划先去做那些完全不必急着做的事,抑或是,孩子的安排不符合常理,无法实现。总之会有各种各样的问题。

但是,父母一定不能对孩子的想法全盘否定。刚开始的时候,孩子还处于练习阶段,所以,就算父母觉得孩子的选择和排序有问题,也应该做出"原来是这样啊"的表示,先认可孩子的行为。

训练开始!

通过孩子的标记，父母能够进一步了解孩子现在的想法。孩子在和朋友玩这件事上，做上"◎"标记，说明对于孩子来说，现在最重要的就是和朋友玩。

升学后，孩子要做的事肯定会增多。这个时候，父母要在表示认可的基础上，提醒孩子："作业是不是必须做的事呢？"

父母可以问问孩子为什么这样排序，在沟通的过程中促进孩子进一步思考。

但是，父母不能把列清单这件事，完全交给孩子自己去完成，偶尔也要检查一下孩子的清单，看看孩子是否需要自己的指导和帮助。

建议使用便签

建议大家使用便签纸来列清单。

每一张便签纸上，可以写一件事，然后贴在固定的位置。完成那件事之后，就可以把便签纸揭下来。

使用便签纸有助于排序，第二天更换便签也比较方便。

父母可以让孩子用不同的颜色来区分"想做的事"和"该做的事"。比如，用天蓝色来标记应该做的事，用粉色来标记想要做的事。这样一来，就一目了然了。

如果孩子上了小学，能够读写，可以自己来写。对于那些还不能自己写字的小朋友，父母可以用图画来提醒孩子要做什么。

便签写好之后，把便签贴在家里显眼的地方最有效果。S家把便签贴在厨房的墙上。如此一来，总能看到"该做的事"，想不注意都不行。

"好棒，做完啦！"每完成一件事，孩子就可以开心地把便签揭下来，这份心情，能促使孩子"加快进度，提升干劲"。

家长的正确做法

"好！让我们来试着做做看吧！"

引导孩子抱有「Let's try!」的精神，尝试按照他决定的顺序开始行动。

训练开始！

训练

6

贴上便签，提升效率
列清单和排序

父母可以让孩子先把所有的事都列出来，再考虑做事的先后顺序，这种方法有助于提高孩子的效率。

需要准备的东西

- 两种颜色的便签（10cm×10cm）、记号笔

做　法

① 首先，父母可以让孩子，分别用不同颜色的纸，写出"想要做的事"和"该做的事"，在每一张便签上写上一个项目。→列清单
② 然后，等孩子把所有事列出来之后，按照顺序贴在墙上。→按照优先顺位排序
③ 最后，做完一件事，把相应的便签从墙上揭下来。

要　点

* 便签要贴在大家都能看到的地方。

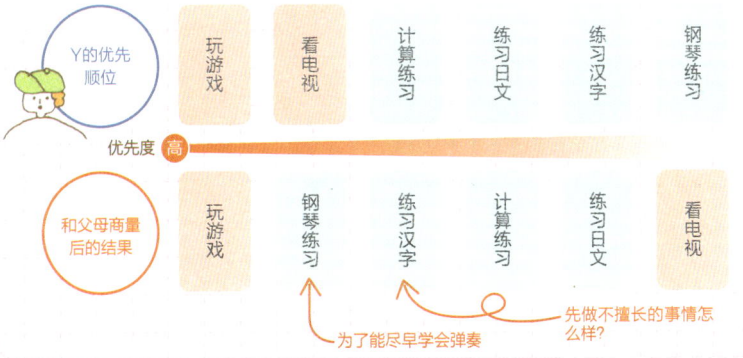

按照事件重要程度和紧急程度给清单排序

先从比较重要的事开始做

每一项任务都有截止日期,所以对于完成计划而言,排序十分必要。父母可以让孩子试着根据事情的紧迫性和重要性,来确定做事的顺序。

A 必须今天做的,既重要又紧急的事。

B 不必非得今天做,但必须要做的事。

C 今天不做也行,

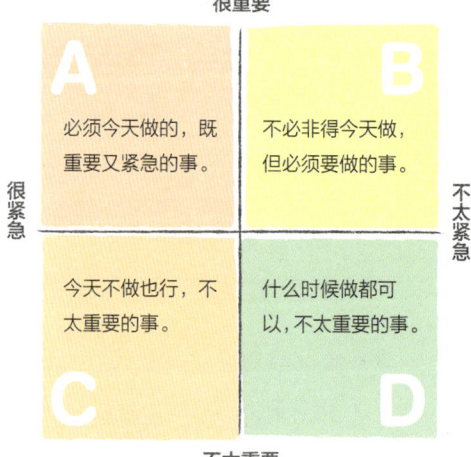

● 训练开始!

不太重要的事。

D 什么时候做都可以，不太重要的事。

会做事的人往往会从 A 类事件开始做。这是因为他们明白，如果先耗费精力做不太重要的事，那么做相对重要的事时，可能会精力不足。

比如，你是否有过这样的经历呢？明明周末的钢琴演奏会迫在眉睫（A 类事件），但你还是去很远的书店买新出的漫画（C 类事件）。

并不是所有孩子都明白，要把有限的精力集中到重要的事情上。甚至有时候大人也难免会把很重要的事留到最后去做。

"你怎么连这样的道理都不明白？"父母在和孩子沟通的过程中，千万不要说这样的话，可以用"到底先做哪一个会更好一些？"这样的问句来引导孩子思考。

如果孩子在行动之前就能安排好做事的顺序，行动时就会事半功倍。

有时候，在父母看来是无足轻重的 C 类事件，在孩子看来却是 A 类的头等大事，这是在引导孩子学习排序时常会遇到的一大难题。这个时候，父母一定要耐心倾听孩子的排序理由。如此一来，不但父母能明白孩子的心情，孩子也能从沟通中自我反思。

小学生可能还无法意识到排序的必要性。等上了中学，作业和社团活动越来越多，孩子自己"想做的事"和"该做的事"也会变多。

如果孩子此时依然不善排序，遇上事情比较多的时候，恐怕会被各项事务压得喘不过气来。所以，在那之前，在孩子处于相对比较清闲的小学生时期，父母就要培养孩子的判断力，养成排序的习惯。

在生活中培养判断力

列出要做的事情,自己试着排序,反复几次之后,孩子就能渐渐掌握排序的要领。

孩子排序时的判断基准会受父母想法和态度的影响。

才念小学五年级的 K 今天之内要完成 3 项作业。

K 打算按照汉字练习、算数练习、竖笛练习的顺序依次完成。

父母和孩子排序的方法是不同的

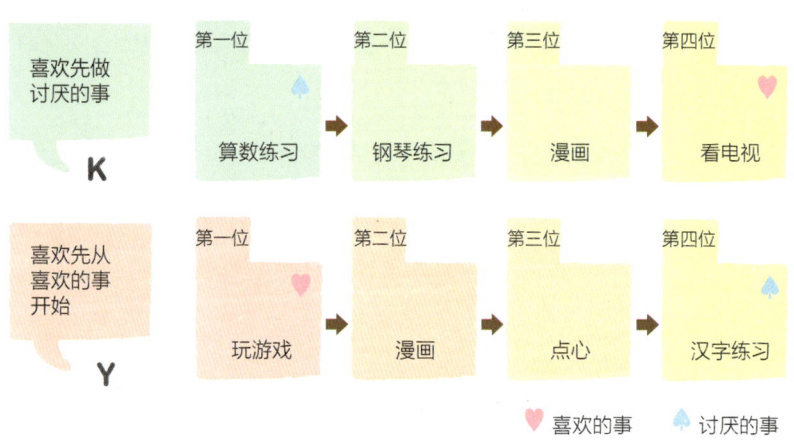

K 的妈妈觉得,晚上吹竖笛会影响周围的邻居,邻居家里还有小婴儿呢。于是问孩子:"为什么要最后练竖笛呀?" K 其实也没什么特别的理由,这样的排序并不是深思熟虑的结果。于是妈妈建议:"练习竖笛会发出声音,太晚的话会打扰到周围的邻居。"在那之后,但凡有会发出声音的作业，孩子都会先完成。

我家经常出现这样的情况，临出门赶时间，孩子还在不慌不忙地整理玩具。这个时候，我就会温和地提示孩子："现在必须先做什么呢？"

决定先做什么，要视状况而定。哪件事该怎么做，要根据具体情况决定。如果这个时候，父母命令孩子："你先去给我练竖笛。""明知道要出门了。为什么没有做好准备？！"可能会激起孩子的叛逆心理。

制订张弛有度的计划

经济学上有一条法则——边际效用递减。

比如，当一个人想要吃披萨的时候，第二块和第三块的美味程度和满足感肯定不如第一块。边际效用递减说的就是这个道理。也就是说，人会对重复的事情感到厌倦。虽说游戏很有趣，但是如果一直做也会让人感到厌倦。长时间学习也是一样，会让人反感。

因此，制订计划的时候，把紧张的事和轻松的事相结合，把在书桌前完成的事和身体劳动搭配起来，能提高效率。

父母需要注意的是，效率固然重要，但是不能强迫孩子埋头苦干。

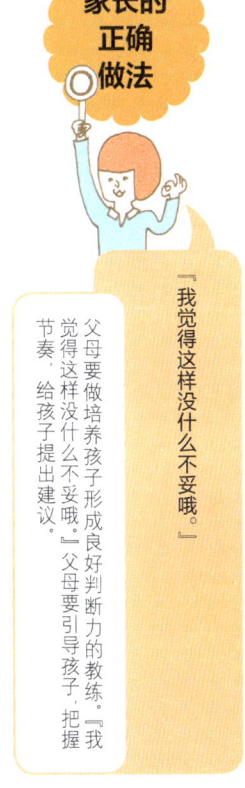

家长的正确做法

"我觉得这样没什么不妥哦。"

父母要做培养孩子形成良好判断力的教练。"我觉得这样没什么不妥哦。"父母要引导孩子，把握节奏，给孩子提出建议。

指导 1

指导孩子学会排序

让孩子在纸上写出自己"想做的事"和"该做的事"之后，可以参考下面的模板，按事件的紧急程度和重要程度排序，决定做事的先后顺序。

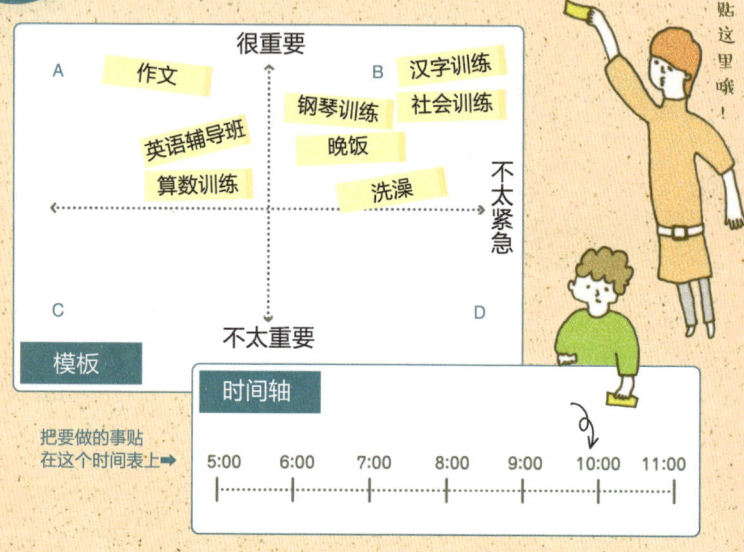

贴这里哦！

模板

很重要 / 不太重要 / 不太紧急

A：作文、钢琴训练、英语辅导班、算数训练
B：汉字训练、社会训练、晚饭、洗澡
C、D

时间轴

把要做的事贴在这个时间表上➡

5:00　6:00　7:00　8:00　9:00　10:00　11:00

妈妈：哎呀，看来你有很多事要做呢。

> 站在和孩子相同的角度看问题

孩子：当然啦。只是这么多事，我该怎么办才好呢？

妈妈：在你列出来的这些事里，哪个是非做不可的呢？

> 父母可以通过提问引导孩子理清事件的优先顺序

孩子：作文。

妈妈：那么，我们就把它列为 A 级优先。接下来呢，什么是第二紧要的呢？

> 父母可以通过提问引导孩子进一步思考

孩子：英语辅导班、剑道。做完这两件事，回来就可以吃晚饭、洗澡了。马上要开钢琴演奏会，我也得抽时间练习一下钢琴。

● 训练开始！

68

（参照刚才的沟通结果，把要做的事情贴到模板对应的区间里）

妈妈：还有什么别的学习任务吗？

孩子：还有算数。老师说，今天上课的内容比较难，让大家回家之后复习一下。所以我还得复习一下算数。社会课也留了作业。

妈妈：这样的话，那你要做到几点呢？ ■⋯⋯⋯ 父母要督促孩子思考一下实际操作的时间

孩子：要是都做完，就没时间睡觉了。嗯，我想，明天没有社会课，那社会课的作业我明天再做。虽然应该每天练习汉字，但是今天作业比较多，明天再练吧。

（结合刚才的沟通内容，把任务贴到模板对应的区间里。）

孩子：今天要去钢琴辅导班，从辅导班回来吃晚饭，然后写作文、做算术题，这样的话大概10点就能完成了。

妈妈：那今天还看漫画吗？

孩子：今天太忙了，应该没时间看漫画了。明天再看。

妈妈：那什么时候做明天上学的准备啊？ ■⋯⋯⋯ 问问孩子，有没有什么落下的

孩子：嗯，学习结束之后，我再做明天的准备，大概5分钟就能做好。

（把贴在模板里的便签转贴到时间轴上）

妈妈：那咱们就按刚才商量好的，把要完成的任务都贴上去怎么样？ ■⋯⋯⋯ 总结一下刚才说了什么，督促孩子行动

孩子：嗯，好的！知道要做什么了，心里就痛快了。做完这些之后，我就可以做想做的事情啦！

为行动设定目标

明确自己想要达成什么目标

父母可以通过问问题,让孩子明确行动的最终目的。如果孩子在一开始做事的时候,对想要达成的目标并不清晰,他就很容易在行动中迷失方向,也就自然无法达成目标。

不知道你有没有这样的经历,和孩子一起外出的时候,孩子经常会问:"还要多久才能到目的地呀?"孩子这么问,可不仅仅是因为对旅程感到厌烦。

这其实是因为孩子不知道什么时候结束,还要继续多久,而感到不安。

如果孩子有一个目标,他的脑海里就会对事件有一个想象,也就能安心地行动了。

为了让孩子能够安心行动,父母在一开始就要告诉孩子目标是什么,先做什么再做什么。就如同登山的时候,如果前边有向导给我们

训练开始!

带路,我们就会觉得安心一样。对于小孩子来说,每天的行动就如同登山。

作为登山向导的父母,准备好必要的东西,指导孩子的行动,和孩子一起登山。如此重复几次,孩子就能自己学会做准备和排序,就算脱离了父母的帮助自己也能往前走。

让孩子养成思考顺序的习惯

有时候,就算目的明确,大人也会头脑中毫无要点,昏头昏脑,对于孩子来说就更是难上加难了。因此,父母要尽可能地用便于孩子理解的方式,按照时间顺序和孩子一起来思考先做什么好、后做什么好。

在这过程中,如果父母能把做事的步骤视觉化,对于年幼的孩子来说十分奏效。

在孩子念幼儿园及小学低年级的时候,父母可以把要做的事情用插画的形式表现出来，然后贴在孩子容易看到的地方。

等孩子上了小学三四年级，父母可以让孩子把要做的事在笔记上记录下来。然后问问孩子："先做什么好呢？我们一起来考虑一下做事的顺序吧。"让孩子在不同事件上标上序号。这样一来，要做的事情变得有条理了，孩子的干劲也会因此源源不断。

孩子能够在实践中找到自己的节奏，相比于接受父母的命令："你去做这个。"孩子能够学会通过自己的思考来行动。

在H家，H会把孩子每天回到家要做什么都写在纸上，贴在家里显眼的地方。这样一来，孩子看到纸就能知道自己要做什么，然后就会去做。这样一来，一旦孩子做到了，H就会表扬孩子，如果孩子忘了，H就会提醒孩子："脱了鞋之后，要做什么呀？看到那张纸了吗？"让孩子想起来是不是还有什么没做。这样一来，孩子渐渐养成了不用大人提醒也知道该做什么的习惯。对于年纪小的孩子来说，把孩子要做的事可视化，特别能派上用场。

孩子一旦养成习惯，可视化的图片就可有可无了，就算不贴纸也没关系。

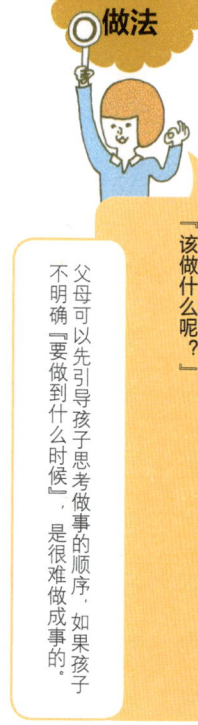

家长的正确做法

"该做什么呢？"

父母可以先引导孩子思考做事的顺序，如果孩子不明确『要做到什么时候』，是很难做成事的。

训练开始！

指导 2

决定玩游戏的时间

在培养孩子的过程中，父母要明确自己的角色。父母要做的是帮助孩子，而不是替孩子管理时间。接下来，我们通过一个小例子，看看父母怎样和孩子沟通，才能让孩子自己决定一天只玩一个小时游戏。

妈妈：妈妈当初听到你自己说每天只玩一个小时游戏，觉得很欣慰，觉得你真的是长大了。但是为什么现在做不到呢？能告诉妈妈当初为什么决定每天玩一个小时游戏吗？ ▬▬▶ 父母要和孩子确认，孩子自己当初说过的话

孩子：还不是因为妈妈一直说，一小时一小时嘛。

妈妈：原来是这样呀。看来妈妈平时说的话，你都听进来了呢。但是你想想，是不是还有更值得去做的事呢。如果只玩一小时游戏，会怎么样呢？ ▬▬▶ 这个时候，父母可以向孩子提出开放性的问题，也就是对方可以自由回答的问题，让孩子思考

孩子：不明白妈妈想说什么。

妈妈：玩了游戏之后，待会儿要干吗呢？ ▬▬▶ 父母要督促孩子思考

孩子：要做作业、吃饭，还要洗澡。

妈妈：要写作业呀，都有什么作业呀？ ▬▬▶ 用问询的语气强调

孩子：今天时间有点儿紧。明天有汉字测试。那我今天还是就玩一个小时游戏吧，我肯定玩一个小时就不玩了。

妈妈：这样啊，那用什么方法把握时间呀，有什么好办法吗？ ▬▬▶ 通过提问，督促孩子自己提出具体的解决办法

孩子：嗯，那我就定一个闹铃。

妈妈：真的吗？ ▬▬▶ 再次强调，确认孩子的决定

孩子：嗯！

妈妈：那就看你的啦。妈妈也要去做自己的事啦。 ▬▬▶ 父母这个时候要对孩子表示认可，表达自己的感受

训练 7-1
早晨时间分配表

规划早晨时光

早晨时间短暂，但是要做的事情可不少。父母可以利用这个时机，让孩子学习规划自己的时间。但是要注意，千万要做好监督，不要让孩子上学迟到呀。

需要准备的东西

- 比钟表大一圈的纸

做法

① 在钟表周围贴上厚纸，把早上起床后不得不做的事写在对应的时间旁边。
② 每天早上，父母可以让孩子看着钟表，确认"今天几点要做什么"，这样一来，经过加工的钟表就变成时间管理器啦。

要点

* 如果孩子还不能自己读写，父母可以用图画表示，让孩子明白自己应该做什么。

训练 7-2
明智的消费者

练习制订计划

购物也可以当作一项训练，父母可以让孩子制作一个购物清单，让孩子思考应该按照什么顺序去买东西。

要点

* 有的时候，需要购买的东西里，可能包含体积较大、较重或者需要马上放到冷藏室里储存的物品，父母可以让孩子想想，如何优化购物流程。

训练开始！

让孩子养成根据目标倒推计划的习惯

花时间做准备

"是不是又过了睡觉的时间！赶紧去睡觉！"

每天催孩子上床睡觉，简直要把 S 累死了。

有一天，美国的朋友和我抱怨："我家孩子，真是毫无计划。"于是我给他提建议说："孩子还小，你是不是先把孩子要做什么都提前告诉孩子了呢？孩子可不是什么都办得到的。"于是，朋友在孩子小的时候，就开始让孩子了解每件事的准备工作和需要花费的时间。

比如，孩子可能意识不到，睡前换衣服、刷牙到底会花费多长时间，如果父母不告诉孩子，睡前需要 30 分钟做准备，孩子的睡觉时间就会比预定的晚。父母要提醒孩子，睡前都需要做什么准备。

成年人凭借经验，不必思考就能做好准备。但是对于孩子来说，这件事可一点也不容易。父母要耐心地把需要做的准备工作一点一点按顺序教给孩子。

确定做事的时间（决定时间期限）：

○ 做这件事之前，必须要做的准备。
○ 每一项准备大概会花费多少时间。

比如，如果决定晚上 8 点上床睡觉（8 点睡觉是目标），那么在这之前，就要预留出刷牙和上厕所的时间。扣除这些准备工作的时间，就知道几点该开始行动了。

按照准备工作的顺序逆推一下就可以了。

需要做怎样的准备呢？让孩子确认一下时间

每天洗脸、换衣服这样的事，到底要花费多少时间，我们大人凭借生活经验就能估算出来。日复一日的生活经验，赋予了我们把握时间的能力。

但是，孩子们还没有掌握这样的能力，为了让孩子能把握大致时间，父母可以让孩子计算一下，自己每天的行动大概会花费多少时间。

在孩子睡觉之前，父母可以和孩子一起估算一下，睡前的准备工作要花多长时间。

可以让孩子把睡前要做的事都列出来，然后计算一下，每一项大概需要花费多少时间。

训练开始！

A 知道每天睡前要花 1 小时做各种睡前准备，如果不早点儿开始行动，睡前就没时间听妈妈给自己讲故事了。因为 A 很喜欢听书中的故事，所以每天都会早早开始准备。

父母也可以让孩子计算一下，上学或去幼儿园之前，要花费多长时间做准备。

家长的正确做法

"你知道准备工作大概要用多长时间吗？"

父母可以在孩子慌手忙脚的准备之前，提醒一下孩子该行动了。

A的睡前准备工作

洗澡　25分钟

换睡衣　5分钟

叠衣服，把脏衣服放进脏衣筐

2分钟

铺被子 <5分钟

刷牙 <2分钟

和家人说晚安　1分钟

读书　20分钟

（总计60分钟）

睡觉……目标

我的思考	妈妈的建议	最终决策 内容	日程
生日派对的内容			生日两周之前
爸爸会喜欢什么呢？	让我弹一首钢琴曲给爸爸庆祝生日	生日当天，我弹钢琴，妈妈和哥哥唱歌，为爸爸祝福	
在玄关处贴一张写有"生日快乐"的海报。装饰房间	不光要写字，最好再画点东西，要用什么来装饰？	用折纸装饰，然后贴上去	
爸爸喜欢什么食物呢？	由我来做海报	由我来制作海报	
蛋糕怎么办？	没有很多时间了	到车站前面的店买蛋糕	
去买装饰用的材料	首先，看看家里有什么可用的材料。如果一周之前开始做折纸装饰，时间会比较充裕	购买家里没有的某种颜色的折纸材料，从现在开始做折纸，每天做3个	生日一周之前
		由妈妈来写生日祝词	生日两天之前
制作装饰，在海报上写祝福的话，贴上装饰的折纸			生日前一天
像平时那样做土豆沙拉吗？	白天做准备的时候，一定要注意保密，不要暴露我们的行动	制作土豆沙拉	当天白天做好准备
装饰的时候，可以先把爸爸带到别的地方，对爸爸保密才能有惊喜	要拜托哥哥吗？	由哥哥邀请爸爸去公园踢球	生日派对当天下午3点左右开始
蛋糕什么时候去取呢？	可以在爸爸和哥哥出去的时候去取蛋糕	准备好餐具	当天下午3点

训练开始！

训练

8

给爸爸的惊喜：爸爸的生日派对

根据计划推算时间

孩子都很喜欢惊喜，激动人心的惊喜派对正是让孩子练习时间管理和提升干劲的好时机。

做 法

① 妈妈可以让孩子把想做的事和要做的事列出来。
② 妈妈可以和孩子一起计算一下时间。

要 点

* 妈妈可以提出建议，比如"这样的话怎么样呢？"在提建议的时候，千万要注意，不要用"你这样可行不通，还是按照我说的来吧"这样的语气，切勿把自己的意志强加给孩子。
* 一定要记住，结果并不是最重要的，在这个过程中孩子如何推进计划，让他人获得快乐，才是重点。

要在时间分配上下功夫

通过练习掌握时间分配的技巧

我们已经在书中给大家介绍了如何估量准备时间的方法。

但是现实生活中,要想在规定时间内完成"必须做的事",我们还要具备合理分配时间的能力。

尤其是在考试中,时间分配显得尤为重要。时间分配关系到能否在考试时间内做完试卷。在有限的时间内答题,先做哪个,哪个问题要用多长时间,只有懂得合理分配时间才能充分利用有限的时间。

我们可以通过练习,培养合理分配时间的能力。

日常生活中也是一样,我们也常常要在有限的时间内完成特定的任务。把要做的事排序,制订实行计划,在这个过程中我们就能逐渐掌握分配时间的技能。

对于年纪小的孩子而言,让孩子把精力集中在一件事上并不容易,他们也不常遇到需要同时处理多件事务的情况。

训练开始!

随着年龄的增长，越来越多的事需要我们在同一时间段内解决。只有高效利用时间，才能节约出更多的时间。所以现在就开始让孩子逐步体验"在规定时间内完成某件事"的经验吧。

学会取舍

想要在限定的时间内完成计划，就需要我们能够根据事务的重要程度决定"哪些事该放弃"。

此时，就需要父母向孩子传达自己的想法和价值观。

时间分配的顺序

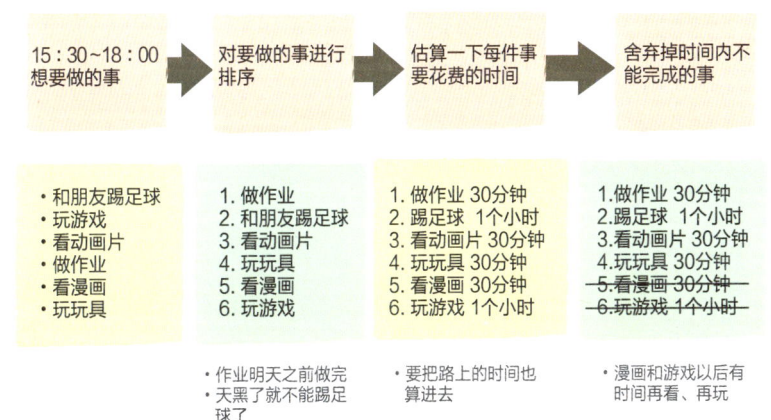

孩子排序的时候，父母可以适当地做出提醒："首先要保证完成作业。"

现阶段的孩子,首先要保证完成作业和学习的时间。学生必须要完成作业,父母要告诉孩子,制订计划的时候一定要保证做作业的时间。

对于这个年纪的孩子来说,写作业不仅能帮助孩子巩固知识,让孩子取得更好的成绩,还能培养孩子的义务感、责任心和独立性,有助于孩子学会时间管理。

父母要向孩子说明,完成作业对孩子有什么好处。

如果时间不够充裕,父母要引导孩子舍弃游戏时间:今天虽然没玩,但是可以"攒起来",周末的时候痛痛快快地玩,怎么样?

家长的正确做法

父母要让孩子意识到,不要忽略重要的事,不重要的事可以先舍弃。让孩子在生活中多加练习,培养自己的判断力。

训练

9

目标 300 分
分配工作时间

这项训练是让孩子在固定的时间内,完成多种测验,是一种寓教于乐的训练方式。训练过程中,孩子必须对时间进行规划,在规定时间内完成规定的内容。否则,整个测试就无法顺利进行。

需要准备的东西

○ 3项测试题。每项测试平均耗时5分钟。(条件允许的情况下,尽量选择3种不同科目)

做 法

① 父母要告诉孩子:现在我们要做3个小测试,要在15分钟内完成哦。
② 规定的时间一到,就要把测试卷收上来,检查答案。

要 点

* 在这3项测试中,可以将其中一项的难度降低,让孩子试着参考难度系数决定做事顺序。
* 这项训练不仅能帮助孩子巩固知识,还能让孩子练习分配时间。等孩子习惯后,可以增加小测试的数量。进行这项训练的时候,要考虑到孩子的注意力往往只能集中15分钟,不要设定太多的测试项目。

分步骤完成该做的事

秘诀就是把一件事分成好几步去做

为了保证事情能顺利进行，要具备"分步骤的能力"，在商业活动中也需要掌握这项能力。

分步骤的秘诀，就是把必须要做的事分解成易于操作的一件件小事。

比如，建大楼的时候，需要大家通力合作，每个人完成自己分内的事。这些小事积累起来，就能建成一座大楼。英文里有句谚语"一口吃不掉一头大象"，说的就是这个意思。

如果想要看完一本很厚的英文书，一口气看完肯定很困难。光是想想都让我觉得头昏脑涨。但是，我的一个朋友，每天给自己规定阅读的页数和完成时间，靠着顽强的毅力，他最后读完了整本书。

如果想读的书有100页的话，一天读5页，20天就能读完了。

如果把庞大的工作化为一件件简单的小事，按部就班地去做，到

最后,你都会为自己取得的成就感到震惊。

我希望孩子能在年幼的时候,就体会到这样做的好处。

将一件件小事组合起来,依顺序去做,按照计划分配时间,在设定的截止日期前脚踏实地地努力,就能掌握分步骤做事的能力。将来,孩子成为在学校帮助维护秩序的小志愿者,成为班里的小组长,成为活动中的负责人,不知不觉间,孩子就掌握了社会人所需要的重要能力。

父母要让孩子帮忙做家务

很多家务都需要分步骤完成。

父母可以参考孩子的年龄,让孩子帮忙做不同的家务劳动。

各项家务中,做饭是培养孩子掌握分步骤能力的最佳训练项目。

家长的正确做法

"让我们一起来做××吧。"设定目标之后，父母要先把做事的顺序告诉孩子，洗菜、切菜、炒菜、装盘，在这个过程中让孩子进行分步骤练习。

父母可以带着孩子从简单的料理开始着手，慢慢去做工序复杂、品种丰富的料理。

孩子年幼时，父母可以通过让孩子把衣服叠起来放到固定的位置、打扫卫生等家务，训练孩子分步骤做事。

孩子一开始可能做得不是很好，这个时候父母可以帮忙。在日常生活中，孩子能自然而然地学会如何分步骤做事。

家人外出时，也是培养孩子进行分步骤训练的好时机。

> 如果你现在觉得，让孩子做这些"真是太难为孩子了"。等孩子长大成人，却不能得心应手地面对社会上的各种事务，那才是真的"太难为孩子了"呢。分步骤做事的能力是一个人在社会上生存的必要技能，越磨炼越熟练。

训练开始！

训练

10

外出计划
分步骤行动

这个周末,家庭成员要一起去XX主题乐园。为了度过一个愉快的周末,孩子和爸爸一起制订当天的出行计划吧!

做法

① 通过图书或者网络调查一下哪些项目最好玩,看大家都想玩什么项目。
② 通过网络查一下,当天的时刻表和出行方法。
◦ 如何到达目的地?搭乘电车大概要用多长时间?不要忘了,从家到车站也会需要一些时间。
◦ 几点到目的地比较好?路上需要花费多长时间?父母可以引导孩子,预计一下这些时间,估算一下几点出发比较好。
◦ 计算一下交通费用。
③ 通过图书和网络调查一下,目的地周围有没有什么有趣的店铺。
◦ 如果有想去的店,要在时间安排上预留出一部分时间。
◦ 考虑一下要带哪些东西出门。
◦ 父母可以通过提问引导孩子去思考:"要带什么出门?要不要带便当?需不需要带换洗的衣服?要考虑很多事哦。"

培养专注力

集中和发散

要想在限定的时间内做完所有事，必须集中注意力才行。

在学习的时候，重要的不是学习了多长时间，而是有没有集中注意力。随着孩子年龄的增长，培养孩子的专注力变得越发重要。

怎样才能培养孩子的专注力呢？

首先，父母应该给孩子提供一个有助于集中注意力的环境。

孩子在做作业的时候，你关上电视了吗？开着电视或者收音机，会分散孩子的注意力。

还有，孩子的睡眠是否充足？有没有进行适度的运动？饮食习惯是否健康？

这些虽然都是小事，却关系到孩子能否在一段时间内集中注意力。

在这个基础之上，我们一起练习一下"划分时间"吧（参考第49页的内容）。

训练开始！

"在这个时间范围内完成。""一定要在××点之前完成。"在孩子开始之前,父母可以和孩子约定好完成时间。"还有30分钟就结束了,加油呀,之后就可以吃点心啦。"父母可以通过愉快的组合帮孩子集中注意力。孩子想着结束之后能做"喜欢的事",之后有"开心的事等着他",更容易集中注意力。

但是需要注意的是,不能急功近利。想着之后有"喜欢的事",孩子可能会加速完成手头的任务,但也可能导致降低"该做的事"的质量。比如,字写得乱七八糟,算数都算错。如果提前完成了作业,剩下的时间可以看一会儿书,保持一段时间内集中注意力,这本身就是一件值得重视的事。

为什么无法集中精力?

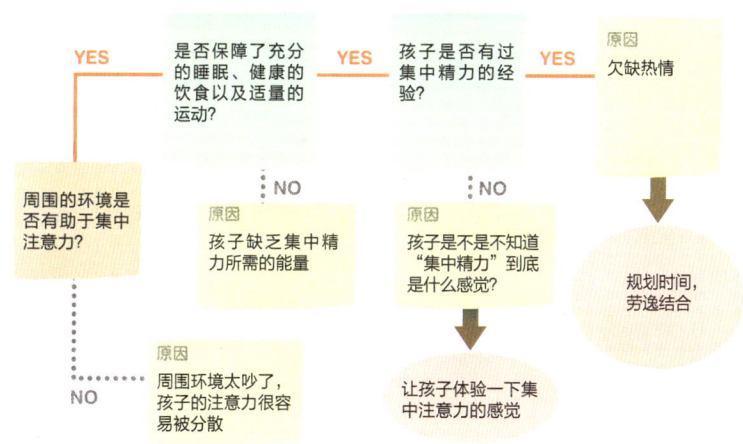

如果孩子不能在规定时间内完成计划，家长和孩子约定"没完成计划不能看电视"，这样也有助于孩子提高专注力。

引导孩子张弛有度地规划时间，能让孩子在日常生活中学会集中注意力。

把想做的事集中起来

回顾我们自己的生活经验，就会得出这样的结论：如果是自己喜欢的事，很容易集中注意力；如果是不喜欢的事，就很容易分神。

孩子小的时候，开开心心地做自己喜欢的事时，正是提升专注力的好时机。在缺乏时间概念的幼儿时期，让孩子发现什么是自己喜欢的事，这一点十分重要。因为这正是培养孩子专注力的根基所在。

训练开始！

孩子选择先做的事、做起来觉得开心的事、喜欢的事到底是什么呢？在孩子做这些事的时候，是不是更容易集中注意力呢？作为家长，要给孩子提供一个能集中注意力的环境。"发现孩子关注的事，并延伸孩子的兴趣"是父母的责任。帮助自己的孩子找到人生方向，会让家长感到无比幸福。

创建画面

很多运动员都采用"画面训练法"提升自己的专注力。所谓的画面训练，是指心里想着"自己一定能够做到"的训练方法。父母要让孩子相信自己"能够在规定时间内完成"，头脑里反复这样想，就能将成功化为现实。

家长的正确做法

"努力在这段时间内完成吧。"

父母不要命令孩子"集中注意力"，而是要帮助孩子发现他们的兴趣点。

训练
11

实践！间隔学习法
提高专注力

父母可以让孩子在游戏中学习时间管理，在愉快的活动中提升专注力。父母可以和孩子一起商讨规则。

需要准备的东西
○ 计时器　　　○ 学习用具

做　法

① 安排好学习和休息时间。休息时间不要设定得太长。
* 休息的时候，可以让孩子去呼吸外边的空气、去洗手间、喝水，也可以看电视或者读书。
② 孩子开始学习时，父母可以像摔跤比赛或拳击比赛那样，在开始的时候说：第一轮，开始。让孩子感觉像在做游戏一样。
* 也可以模仿排球比赛，在结束的时候，宣布："第一轮结束！"不仅如此，还可以像运动比赛那样设定目标。

> **实例！间隔学习法**
>
> 　　我女儿念小学四年级的时候，很容易走神，差不多每过30分钟，她就会忍不住向外看，或者搞些小动作，根本坐不住。一次偶然的机会我了解到：小孩子只能集中15分钟的注意力。于是我问孩子："你能集中15分钟的注意力吗？"听我这么一问，孩子表示："时间这么短，应该能做到。"于是，我就和孩子约定，每学习15分钟，就休息5分钟。孩子渐渐发现，15分钟转瞬即逝。这样连续4回合，就学习了1小时，没想到学习了这么长时间，孩子自己都觉得惊讶。在集中15分钟注意力的基础上，学习时间渐渐从15分钟变成了20分钟、25分钟。
>
> 　　上了高中之后，如果觉得不能集中注意力，她就会休息一下，调整好状态。如今，女儿已经养成了很强的自主性。

● 训练开始！

休闲时间

悠然的一天

时间如河水般奔流不息,却总在不经意间溜走。如果我们在生活中一味追求高效,从不放松,有一日蓦然回首,可能会发现自己的这一生真是太无趣了。

偶尔让自己放松心情,度过"悠然的一天"吧。

S的女儿读小学五年级的时候,周末晚上去美国朋友家过夜。那天,孩子和朋友一起,一边看电视一边吃零食,晚上不想睡就一直玩。第二天早上,想睡到几点就睡到几点。

孩子们平常都在父母的监督下,每一天的生活都很有规律。

父母偶尔可以打破常规,每周专门安排一天,让孩子做自己喜欢的事。女儿的朋友非常期盼每周的那一天。平日里,每天功课都很繁重,到了那一天就可以卸下负担彻底放松心情,这就是张弛有度的生活方式。

放眼欧美的大学生，你会发现他们已经掌握了这种张弛有度的生活方式。

周末享受派对，工作日则认真学习。通过运动释放压力，然后集中精力来学习。能做到在专注和放松之间任意切换，需要专注的时候，精力便能高度集中。

父母可以通过提醒，帮助孩子掌握在紧张状态和放松状态自由切换的能力："现在努力加油的话，待会儿就可以吃甜点啦；集中精神学习，过一会儿就可以休息啦！"

悠闲的时间很重要

这样做不但不会妨碍孩子集中注意力，还能让孩子的身心得到放松

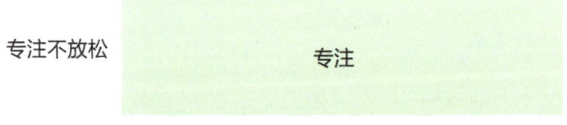

这样孩子很难集中注意力，也会感到疲劳

训练开始！

对"徒劳"睁一只眼闭一只眼

孩子们并不关心效率问题,他们经常会在无意义的事上花很多时间。这些事在家长看来,都是浪费时间的事。

女儿小的时候,非常喜欢"森林家族",这是一款制作精巧的迷你玩具。两层欧美风格的洋房里,有宠物和家具,盘子里还有水果和点心等,是一个看起来非常可爱的童话世界。

我女儿特别喜欢从玩具的小窗户里,把甜甜圈和水果放进去,如果能放对地方就会特别高兴。这件事在我看来简直是毫无意义,但是她做多少次都不会厌烦,还一直咯咯咯地笑。

这样的事对于孩子来说很重要,用温暖和蔼的态度关爱孩子成长是父母的责任。

家长的正确做法

孩子发呆的时候，父母不应该指责孩子"怎么又发呆"，可以问问孩子："要不要过来喝点东西，和妈妈一起休息一会儿？"

朋友 I 向我抱怨："我家的孩子快考试了，也不知道着急，居然开始折纸鹤，没完没了地折这些没用的东西，装满了一整个袋子。"

对于 I 的孩子来说，折纸鹤也许能帮他缓解考试前的压力，放松心情。

有的孩子经常发呆，什么事也不做，也不是在想事情。其实，这是对孩子而言非常宝贵的内省时间。

如果孩子实在想玩，父母应该让他痛快地玩。很多时候，父母觉得浪费了时间，其实并非如此，这段"浪费"掉的时间是孩子成长必须要经历的过程。

训练开始！

4

行动起来吧！

父母不要对孩子指手画脚

指导孩子要有耐心

开始的时候,父母可以和孩子一起做。

本书的第 4 章,向父母介绍了制订计划的步骤、思考方法,以及父母应当怎样做。

谁都希望能在有限的时间内高效地完成计划的事,但是大人都未必能做到。对于刚开始尝试的孩子,不是一股脑地把该教的教给他们就完了,开始的时候,父母应该和孩子共同尝试,在过程中指导孩子,同时不能把自己的意志强加给孩子,要让孩子自己去思考怎么做才好。

我在美国的时候,觉得当地的大学生自律能力普遍较强,他们的这种能力也不是与生俱来的,而是从小学到高中,不断地学习、实践自我管理,最终习得的。

教孩子学习管理时间的方法,就像教年幼的孩子骑自行车一样。

● 行动起来吧!

一开始的时候,孩子在前面骑自行车,父母要在后面帮孩子扶着自行车后座。等孩子能自己前进的时候,大人再慢慢松开手。

父母和学校齐心协力,孩子就能渐渐养成习惯,学会自立,只有这样才能帮助孩子成长。

父母每天要尽量多花时间来培养、引导孩子,在孩子能够"独当一面"之前,父母一定要在孩子身旁耐心地提供辅助和支持。

耐心倾听孩子的想法

在陪伴孩子的过程中,可能稍不留神,自己的想法就会脱口而出。明明心里想要陪伴孩子,却总忍不住催促孩子"赶紧的",或者抱怨孩子"真是的,你现在到底在做什么"。

Y想要帮助孩子养成良好的生活习惯,却发觉自己总是这个那个说个没完。

Y的孩子在念小学四年级,Y发现孩子严重缺乏自律性。不仅早上起床要自己叫,催孩子:"赶紧起床去上学。"孩子从学校回来后,还要自己提醒她做作业:"作业做完了吗,赶紧做,别磨磨蹭蹭的。"就连晚上睡觉也要催她赶紧洗澡,早点儿睡。简直是"不说就不动"。

Y反思了一下自己的行为,虽说自己的初衷是为了孩子好,但是会变成这样,其中一部分原因是自己性子太急。

于是,在吃点心的时候,Y问女儿M:

"今天想做什么呀?"

"待会儿要做什么呢?"

"今天要做的事,怎么做比较好呢?"

对孩子的回答,Y既不批评也不建议,而是给孩子充足的时间,让孩子表达自己的想法。Y和女儿M商量之后决定:以后每天M要自己起床。母女二人一起去买了可爱的闹钟,还用便签标注了孩子要做的事,贴到了客厅的钟表上。比如,换衣服、刷牙、出门。让孩子按时间表行动。钟表也是Y和女儿M一起去买的,特意挑选了M喜欢的款式。

从那以后,M忘记设闹钟、忘东忘西的时候,Y再也不向孩子发脾气了,只是简单给孩子提个醒。每天孩子从学校回来,Y也只是简单地问问孩子:明天要做些什么,要怎么做呀。就这样持续了短短半

行动起来吧!

年的时间，M不用父母提醒，上学也不迟到了，该带的东西也能自己准备好。

父母要在孩子一旁耐心照看

引导孩子学习时间管理，会占用父母大量的时间，耗费很多精力。但是，孩子尝试独立思考的过程十分重要。成功绝非理所当然，失败也是很平常的。不管是成功还是失败，孩子都能从中受益，这些经历才是最宝贵的。

我自己在这个过程中也深有体会，父母肯定会对孩子的事十分在意，可能会不由自主地指示孩子做这个做那个："接下来你是不是要做这个了？""赶快去做那个吧。"孩子一旦稍显拖沓，父母就会催促孩子："麻利点儿！"如果孩子失败了，父母可能还会忍不住抱怨孩子："真是的，和你说的又没听吧。""所以啊，按照我说的做不就好了。"这样的话毫无用处，但是父母就是会忍不住脱口而出。可是你有没有想过，这样一来，孩子的干劲儿也会随之烟消云散，也夺走了孩子反思自己做法的机会。

有时也会出现这种情况。

一个送孩子上幼儿园的朋友，曾和我抱怨："我不催孩子，他就不知道该干吗，最后还是要我帮他穿衣服、穿鞋。"

孩子的成长过程中需要各种经验，快乐的经验、痛苦的经验、失败的经验、悲伤的经验。对孩子的成长来说，所有的经验都弥足珍贵。

在陪伴孩子的过程中，请广大父母们放松心情，守护孩子成长吧。

家长的错误做法

"你赶紧给我去做。"

如果父母总是催孩子，孩子就不会再去主动思考。所以父母不要总是"抢在孩子前边"。要耐心地倾听孩子的想法，守护孩子成长。

行动起来吧！

指导 3

按照时间表安排行动

在教育孩子的过程中,父母一定要学会信任孩子、肯定孩子。父母要以身作则,让孩子意识到守时的重要性,在日常生活中,循序渐进地让孩子有意识地按照时间表安排行动。

妈妈:已经 6 点了哦。

> 父母可以用明快的语气告诉孩子时间

孩子:稍微等一下,我马上就做完了。

妈妈:马上就做完了呀。还要多久才能做完呢?

> 父母首先要肯定孩子,然后尊重孩子的自主性,询问孩子的意图

孩子:还需要 5 分钟。

妈妈:5 分钟呀,那么,妈妈用 5 分钟打扫一下浴室。

> 父母要告诉孩子,自己也会用那5分钟做某件事

孩子:嗯。

妈妈:那 5 分钟之后见哦。

> 父母要向孩子表示,自己会有效利用那段时间完成一件事,从而让孩子认识到,那5分钟也是有意义的

美国的时间管理教育

孩子念小学的时候，父母每天都会帮助孩子检查

在这里，我简单给大家介绍一下，美国人是怎样对孩子进行时间管理教育的。美国的学校给孩子留的作业被称为"课题"。完成这些课题普遍需要一个月的时间，有的甚至需要3个月的时间进行调研。想要在截止时间之前顺利完成课题，孩子必须要制定一套严谨有序的计划。

孩子上了高中之后，时间全部交由自己管理支配。作为预备阶段，小学低年级就引入了时间管理指导。美国小学的通知表上，会写上这样的话："有效利用时间""让时间成为生产力"。小学老师在日常教学中，一有机会就会给孩子讲如何有效地利用时间。

我住在美国的时候，家附近有一所小学，学校会给家长一个"学生作业本"（参考第108页）。在这个本子上，有每天各个科目的学习内容和作业，也会记录"课题"进展情况。学校老师会把"应该进行

行动起来吧！

哪些调研"具体告诉孩子。

孩子回到家后,家长会和孩子一起对照这个本子,确认今天要做的事。低年级的孩子和父母一起按照本子的要求做好各项准备。最后,父母再来检查孩子是否完成了作业,准备好了该带的东西,然后在本子上签字。第二天再由孩子把本子带去学校交给老师。

学校每天都会给孩子布置一些任务。比如,写日记、读书概括中心思想。很多科目都需要孩子去图书馆查资料,并做总结。如果不事先安排好时间,做好计划,很可能完不成老师布置的任务。

学生作业本

月　日

科目	作业内容	交作业时间
数学	两位数加法（A栏）	明天结束前完成（B栏）
社会	世界上的国家	课题进展
语文		

明天需要带的东西	
作业	家长签字

● 行动起来吧！

孩子念小学的时候,由父母来确认每天的任务是不是都完成了。等孩子上了中学,就要由孩子自己检查作业和要带的东西是不是都准备好了。但是,家长每天也要在本子上签字。就算孩子上了中学,家长也要通过这种监督检查的形式来守护孩子的成长。

在日本,有时候就算我有心去"监督"一下孩子今天的作业完成情况,也只能口头问问孩子:"今天作业做了吗?"日本的学校和家长之间缺乏类似美国那样的联络机制。如果日本的学校和家长之间也能进行有效的沟通,家长就会更加清楚,自己的孩子每天在学校里到底学习了什么,回到家之后到底该做什么。我觉得,这能让家长更好地了解孩子的生活。

必须在规定日期交作业

美国学校对孩子交作业的时间有非常严格的要求。如果孩子不能按时交作业,即便完成得很好,也会因为拖延了时间而得不到高分。

A 在日本念完小学后去美国念中学,由于存在语言问题,再加上课业繁重,她总是不能按时交作业。

A 经常理直气壮地抱怨:"就算我没按照时间交作业也没什么关系吧,留了这么多,根本不可能按时完成!"

有一天,A 的班主任把 A 的妈妈叫到学校,班主任对孩子和家长说:

"不遵守时间,会对她今后的人生造成很恶劣的影响。她很有可能因为不守时,无法得到他人的信任,进一步影响她的人际关系和工作关系,让我们一起来帮她改掉这个坏习惯吧。"

原本对此不以为然的 A 和放任不管的家长,听到老师这么说都觉得十分惊讶。经过三方沟通,父母和老师终于了解了,为什么 A 总是无法按时交作业。

原因有两个。

1. A 没有把笔记记在本子上,而是记在了纸上,记了笔记的纸经常找不到。
2. 孩子经常在快到截止日期的时候才开始做,但是这个时候再去看书,时间已经来不及了。

● 行动起来吧!

因此，班主任、A 的家长和 A 经过充分的沟通之后，提出了如下的对策。

1. A 需要准备一个笔记本，把每天的笔记记到本子上。
2. 由老师来确认，A 是否把作业的内容和交作业的时间都记清楚了。
3. 父母要定期监督 A 有没有按计划行事。
4. 需要读书来完成的课题，一开始就要把书的总页数按照天数进行分配，由老师和孩子一起确认每天需要读的页数。

这样一来，A 在念高中时，已经能够很好地管理自己的时间和生活了，也能有计划地学习了。

家长的正确做法

「要和妈妈一起做吗？」

父母只问孩子作业做了没，其实是懒惰的表现。可以问问孩子：「要和妈妈一起做吗？」培养孩子和家长一起努力的习惯。

制订计划，实践

一起来制订一下今天的计划怎么样？

要想让孩子养成按照事务优先顺序行动的习惯，首先要让孩子从计划"今天"开始。

父母可以问问孩子："今天打算做什么？""今天打算先从哪一项开始着手？"

因为这是帮助孩子学习制订计划的训练，所以在这个过程中，父母要尽量营造一种轻松的氛围。如果是小学低年级的孩子，家长可以引导孩子在游戏中学习时间管理。如果孩子到了小学高年级，还会丢三落四或是很晚才睡，养成了这种不良的生活习惯，父母这时候就要和孩子好好聊聊："为什么你的生活会这么没有规律呢？"但是，无论如何，父母都不能在这个过程中把自己的观点强加给孩子。

首先，父母可以让孩子把自己"该做的事"和"想做的事"都列出来。比如，孩子在清单上写"想要看电视"的时候，父母要监督孩子，

● 行动起来吧！

不要只是简单地写上"看电视",而是要让孩子清楚地写出来想要看的节目名字和时间段。

这样一来,父母就可以和孩子一起,一边参考清单,一边思考"先做哪个,后做哪个",排出顺序。

如何保证重要的事一定能被完成,是其中的关键。

"有没有什么事是必须今天做的呢?"

"有没有什么事是今天必须完成的呢?"

父母可以通过这样的问题,帮孩子给待办的事务排序。

排好顺序之后,让孩子把要做的事项填到行程表里(可参考第114页的内容)。在行程表上,也要把起床时间、睡觉时间、上学时间、回家时间、吃早饭和吃晚饭的时间、洗澡的时间这类基本的生活事务写进去。

这些虽然只是日常生活中的小事,每一件只会花费很短的时间,但是全部加起来也会占据很多时间。把所有的内容都列出来,就能发现自己到底有多少自由时间。

对于孩子来说,把需要做的事进行排序,安排好时间,刚开始的时候可能很难估算出哪些事要花费多少时间,这个时候,父母可以给孩子提一些建议。

父母可以建议孩子把看电视、玩游戏、吃点心这类休闲放松的时间,穿插在要做的事件中。

让孩子认可"自己制订的计划",这一点非常重要,无论如何都要让孩子认识到,他才是制订和实施计划的主体。

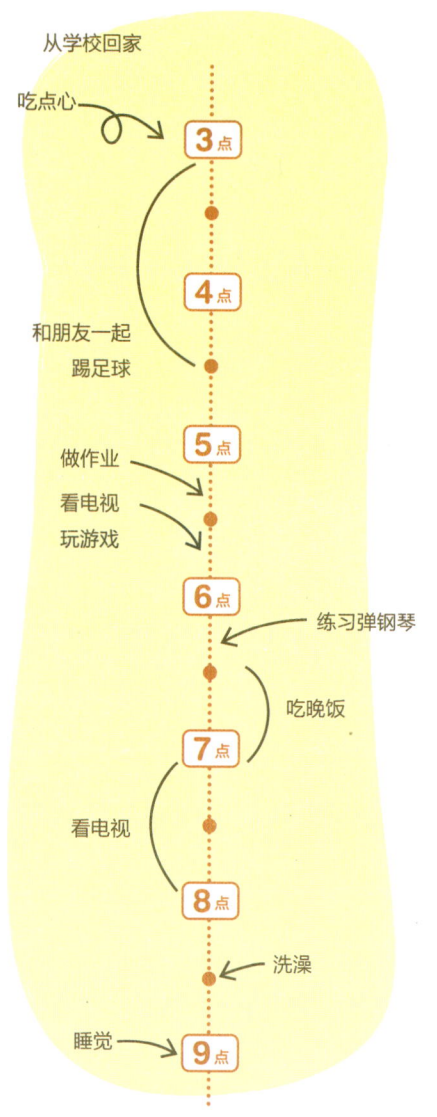

孩子做的时间规划是否合理呢？作为家长，我总觉得孩子在玩耍上安排的时间太多了。但是，父母一定要先认可孩子的计划，千万不能一上来就否定孩子。

如果父母担心，可以通过这样的问题，倾听孩子的想法："只留一个小时，能做完吗？""你把路上的时间算进去了吗？""你打算玩多长时间的游戏啊？"一定要注意，在问的过程中不要用责备的语气。

因为孩子现在还处于学习阶段，所以就算在家长看来孩子的规划毫无道理，也请让孩子按照自己的计划去尝试一番。父母只需要确认以下几点即可。

行动起来吧！

< 低年级孩子 >

○ 作业和必须完成的事要排在优先的位置。

○ 孩子的安排在时间方面是否可行？

○ 孩子是不是把大量的时间都留在做喜欢做的事情上了？

< 高年级孩子 >

○ 孩子的安排是否做到了劳逸结合？

○ 孩子的安排是否会造成过度疲倦？

○ 有帮其他人做事的时间吗？

如果孩子看电视的时间太长，父母要向孩子确认，他到底想看哪个节目，不能一看就没完没了。

实践

制订的计划由孩子执行，在这过程中，父母只能默默守护，切忌对孩子指手画脚。

一旦孩子看完了约定的节目，父母要赶紧把电视关上，以防孩子又被下一个节目吸引，磨磨蹭蹭不愿意离开。快到约定时间时，父母可以提醒孩子："还有 × 分钟就到一开始约定的时间了哦。""时间差不多到了，别忘了按时进行下一个项目哦。"

孩子一旦开始看漫画或是玩游戏,就很难停止,面对这种情况,父母要在快到约定的结束时间前提醒一下孩子。

家长的正确做法

要让孩子认可『自己制订的计划』,这一点非常重要。如果孩子认可自己制定的计划,就算失败了,对孩子而言,也是一个反思学习的好机会。

● 行动起来吧!

制订计划，实践

父母可以让孩子多想想，自己制订的计划是否可行。在孩子制订计划的过程中，最重要的是要给孩子营造一个轻松的氛围。

制订计划——早上上学不迟到

妈妈：明天早上，几点出门呀？ ▬▬▶ 让孩子去思考具体的时间

孩子：如果 7 点半出门，有可能迟到，还是 7 : 20 出门吧。

妈妈：如果 7 : 20 出门，几点起床比较合适呢？

孩子：嗯，感觉是不是 6 点起床比较合适。

妈妈：6 点你起得来吗？ ▬▬▶ 让孩子了解，他制订的计划，实行起来是不是有难度

孩子：嗯，我觉得没问题，应该能起得来。

妈妈：这样呀，那么为了让你早上起床之后能很顺利，怎么做比较好呢？

孩子：嗯，如果把衣服准备好了，第二天拿起来就能穿了。

妈妈：有道理哦，6 点起床的话，几点换衣服，几点吃饭比较好呢？

孩子：早上起床后，要差不多 30 分钟来换衣服，差不多 6 : 30 吃饭吧。

妈妈：那什么时候能吃完早饭呢？ ▬▬▶ 父母要注意，通过问题引导孩子想象出具体的流程

孩子：差不多 7 点吧。然后我要去刷牙。

➡ 下一页继续

妈妈：嗯，安排得很好。你还有什么想法吗？ — 倾听孩子的想法

孩子：嗯，睡觉之前做好第二天的准备，早上就不用再费劲思考啦。想想都觉得不赖。

妈妈：这样呀，有什么需要妈妈帮忙的吗？ — 父母要向孩子确认，有没有什么难题需要自己帮助解决，为了能更好地实践，一定要给孩子营造一个良好的氛围

孩子：早上不想吃纳豆。

妈妈：嗯。有道理，吃纳豆的话可能会浪费时间。

孩子：是呀，早上时间本来就紧。

妈妈：好的，我了解啦。

● 行动起来吧！

制订中长期计划

暑假计划

  暑假这类比较长的假期,是让孩子学会制订计划的好时机。可以把"该做的事"和"想做的事"都列出来,做一个计划表。

  作为其中一个环节,美国在教育孩子的时候引入了"任务金字塔"(参考第 124 页)的概念。

  帮忙做家务、7 点起床、遛狗这类事情,可以写入金字塔的第一层。对于幼儿园和小学低年级的孩子,也可以把吃饭、刷牙、洗澡这类日常活动写入其中。

  可以把作业和其"该做的事",写入金字塔的第二层。

  金字塔的第三层,可以写入孩子想要尝试、挑战的事。

  把休闲、放松的活动写入金字塔的第四层。

  有了这个标准,就可以让孩子按照事务的紧迫程度,依次把各项待办事务填进去。

然后孩子就可以参考这个金字塔,把各个事项填到日历上去了。

需要协调家庭成员时间的旅行,以及返校日这类时间已经确定的事务,可以先标注在日历上。

根据作业总量,计算出每一天要完成的作业量。比如,暑假作业有 40 页,那么整个假期完成这 40 页作业,每天只要做 4 页,10 天就能做完。每周做 3 次作业的话,3 周就能把该做的作业都做完。如果孩子想要在假期挑战"连续游泳 50 米",就要计划好上游泳课的时间。然后把这些安排写进行程表里。

金字塔的第二层和第三层可以用不同的颜色代表,在行程表上也用相应的颜色标注。

去游泳的那天,可能就没力气写作业了,家庭旅行的前一天,也需要空出时间来做准备。孩子可能想不到这些,父母可以在一开始制订计划的时候加以提醒,提高计划的可行性。

可以让孩子在计划表中多设一项——家长检查栏,每周确认计划的进展情况。如果孩子没能严格执行自己制订的计划,可能要对计划做出一定的调整。

达成时间表上的目标

如果孩子想提高语文考试的分数,想学会骑独轮车,想读完一本长篇小说,以此为目标制订了长期计划,并开始认真执行,就有可能将这些目标一一实现。父母可以和孩子一起思考以下问题。

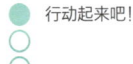
行动起来吧!

1. 要让孩子明确想做什么，设立明确的目标。
2. 让孩子设定完成目标的日期，以及目标的实现程度。
3. 父母要监督孩子把目标总量（一共多少页或多少枚）分散到预定的时间里，计算出每天应该做多少。
4. 父母要定期检查孩子的计划进展（比如每周检查一次），计划没能顺利进行的时候，要引导孩子调整计划（父母和老师的建议很重要）。

比如，如果孩子想要在 20 天里读完一本 200 页的书，可以制订每天阅读 10 页的计划。

如果想在语文考试前做完 40 页的练习，假设从现在开始到测验当天还有 42 天，一天一页就能实现目标。但是，由于可能会出现身体不舒服或者别的突发事件，影响到当天的进度，考虑到这些因素，可以把计划改为每天完成2页。

在这个过程中，最重要的是，孩子能向着目标一步步前进。孩子积累微小的成功体验并不断前进，与父母的细心照看是分不开的。

时常回顾制订的计划

根据计划的进展情况，让孩子自己确认计划中哪些事是"能完成的事"，哪些事是"不能完成的事"也很重要。

达成目标的 4 个关键点

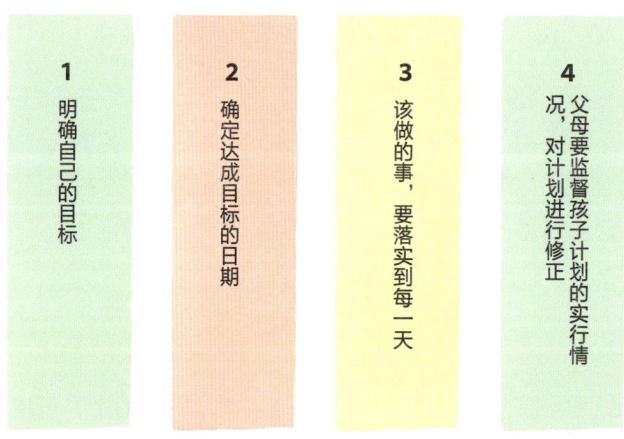

1 明确自己的目标

2 确定达成目标的日期

3 该做的事，要落实到每一天

4 父母要监督孩子计划的实行情况，对计划进行修正

当计划不能顺利实行的时候，父母要引导孩子修正一开始的计划（可以参考第137页列出的，不能顺利实现计划的对策）。让孩子亲身

● 行动起来吧！

检验自己制订的计划，有助于孩子学会制订更加切实可行的计划。

在孩子罗列想要做的事时，父母可以一边在旁边看着，一边和孩子讨论哪些事能做到，哪些事做不到。对孩子做到的事，父母要提出表扬，对孩子没做到的事，也不要批评，而是要让孩子思考"自己为什么没能做到"。

但是，不论孩子完成的结果如何，父母首先要认可孩子的努力。如果缺少父母的认可，孩子会认为没能完成目标，所有的努力都白费了，这种想法会影响孩子今后的干劲和进取心。就算孩子没能实现目标，父母也可以让孩子思考一下"自己现在做到哪一步了，离实现目标还有多远""为何没能达成"。让孩子心存希望，才有可能将来实现目标。

家长的错误做法

"你这么制订计划简直是胡来。"

这样的话会对孩子造成不好的影响，建议家长采用「发现孩子闪光点」的方式与孩子沟通。

训练

12

任务金字塔
制订长期计划

父母可以指导孩子制订一个暑期计划,然后把填好的计划表贴在家里显眼的地方。可以把计划写在一张纸上,以周或月为单位罗列,如此一来,该做的事情便可一目了然。

需要准备的东西

- 大张的纸(可以用厚纸或挂历的背面)

做　法

① 如下图所示,在A4纸上画一个三角形。
② 把每天都要做的事写在第一层,把必须要做的事写在第二层,把想在暑假期间挑战的事写在第三层,把休闲娱乐活动写在第四层。
③ 找一张大纸,画一份暑期日历,先把和家人一起旅行的日子、返校时间标注在这个日历上。然后参考任务金字塔,把要做的事都填进去。
④ 把行程日历和任务金字塔贴在显眼的位置。

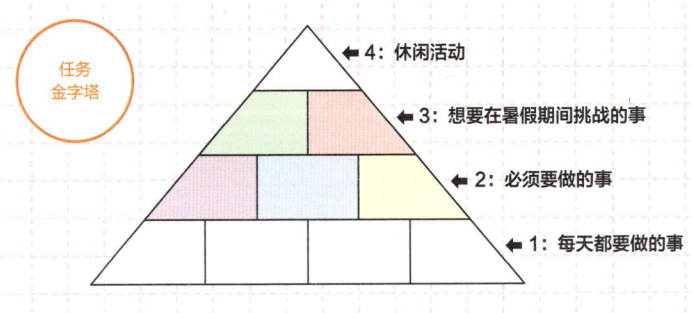

行动起来吧!

暑期日历

星期天	星期一	星期二	星期三	星期四	星期五	星期六
		7/22	7/23	7/24	7/25	7/26
7/27	7/28 游泳	29	30	31 暑假已经过了十天了	8/1	8/2
3	4	5	6	7	8	9
10 暑假正中	11	12	13	14	15	16
17 准备旅行	18 游泳	19	20	21	22	23
24	25 游泳	26	27	28 距离开学还有5天	29	30
31 暑假最后一天						

每天在这里打勾确认完成了要做的事

任务金字塔 <示范模板>

- ← 4：休闲活动（游戏）
- ← 3：想要在暑假期间挑战的事（骑独轮车、游泳50米）
- ← 2：必须要做的事（读15本书、做作业、做10个二重跳（跳绳动作））
- ← 1：每天都要做的事（晾衣服、弹钢琴、遛狗、早起）

要 点

* 父母可以引导孩子学习运用任务金字塔，通过不同的颜色让计划表看起来更加一目了然。

存储时间,制作凭证

让孩子体验小小的成就感

如果你制订了一个计划,信心满满地叫喊着"开始干吧!",最后真的如期完成了计划,心里肯定觉得特别痛快。

做完作业、准备好明天该用的东西,完成每一件该做的事后,用一条条直线画掉,就会有一种大功告成的感觉。虽然只是小事,只要完成了,照样能获得成就感。这种成就感,还能提升孩子以后的干劲。

建议家长们引导孩子去"存储时间",也就是"做成这件事之后可以去做××"。

比如,孩子如约结束游戏,出门前 5 分钟做好该做的准备,父母就可以给孩子一个"履约凭证",等孩子集齐 10 个,就可以让孩子做一件自己想做的事。父母不用真的给孩子钱,可以和孩子一起做接球游戏,通过这样的方式奖励孩子。

行动起来吧!

父母可以和孩子约定,等孩子集齐一瓶彩色弹珠,全家人就一起去旅行。彩色的弹珠在透明的瓶子里一目了然,明确的"成就感"会让孩子行动起来更加积极。我强烈建议大家使用这个方法,因为在此过程中,孩子不仅能学习存储时间,还能体会到成就感。

这样夸孩子,孩子做了之后还想做

孩子如果达成计划,就会心情舒畅。如果这个时候能得到父母的表扬,这份好心情也会激励孩子今后更加努力。父母在表扬孩子的时候,不要只是敷衍地表示:"真是个好孩子。"而是要具体夸奖孩子做成了什么事,"做到××了"!

孩子能自己定闹钟起床的时候，父母可以表扬孩子："自己起来了呢！"孩子按约定时间结束游戏的时候，父母可以夸奖孩子："真是懂得节制。"

对孩子做到的事做出表扬，可以帮助孩子强化自己的成就感。

在大人看来微不足道的认可，对孩子来说也足以令他心潮澎湃，孩子也会因此越来越肯定自己。这样一来，孩子对之后的事也会充满想要尝试的干劲。

在你看来不值得表扬的事，对孩子却至关重要。所以对于孩子取得的小成就，不论多小，父母都不要视而不见，孩子做到了就要表扬他。

"这些全都做完了，心情肯定会好吧！""全部做完了，就可以去看一直想看的漫画啦！""做完之后，妈妈就可以给你讲故事啦。"在鼓励孩子完成目标的时候，父母可以引导孩子去想象做完这件事之后获得的成就感。

家长的正确做法

「能做到××啦！」

如果每次完成一件小事，父母都能做出表扬，就能提升孩子的干劲。

行动起来吧！

训练

13

把时间存起来

提升干劲

时间看不见也摸不着,但是如果我们用弹珠来代表时间,存起来的弹珠就是我们储存了时间的最好证明。孩子会因为存弹珠而干劲儿满满。当孩子集齐了约定的数目,父母可以一起和孩子做点儿什么,以示奖励。

需要准备的东西

- 给孩子准备一个透明瓶子(用塑料瓶比较安全)
- 小球或者小雕像(比如小恐龙之类的)

做　法

① 一个球代表10分钟,孩子每节约10分钟,就可以往瓶子里放一个球。
② 每过一周,可以让孩子用积攒的时间做自己喜欢做的事,比如可以让孩子用这个时间看漫画或者看录像带。

要　点

* 年幼的孩子如果做成了一件小事(比如在规定时间内自己换好了衣服,在规定的时间内上床睡觉了),就可以放一个球进去,如果孩子成功把瓶子装满了,父母一定要诚恳地表扬孩子。

计划受阻时，父母该采取的说话方式

看着他，慢慢说

一旦开始实践，我们会发现很多意料之外的因素阻碍计划顺利进行。在这种时候，你是否会忍不住训斥孩子："我已经和你说了多少遍。"你是否说过这类摧毁孩子士气的话呢？

父母的责备，孩子通常是听不进去的，就算听了也无法认可。父母在一旁苦口婆心，却起不到任何效果。就算孩子一时接受了你的牢骚，只不过是想要快点儿摆脱眼前的困境而已。

那么在这种情况下，要怎样做才好呢？

W上小学六年级的时候，曾向妈妈抱怨：

"妈妈和我说话的时候，如果态度好点儿，我就会听啊！那么大声，我听都不想听。"

行动起来吧！

在生气的时候,想要做到和孩子冷静平和的沟通,不是一件容易的事。

所以,遇到那种情况,父母首先要看着孩子的眼睛,用孩子能理解的语言,说出自己的想法。说完之后,要认真地看着孩子,等孩子做出答复。

父母不要指责孩子过去的失误,要多考虑之后的事

与其催促孩子"赶紧去做",不如先让孩子考虑"做完这个之后可以去做××"。与其责备孩子之前犯下的错,不如让孩子把心思放在今后。

我女儿上小学的时候,每天早上我都要催她起床。

家长的正确做法

「怎么做比较好呢？」

「你稍微动动脑子好不好？」父母千万不要说这样的话。给孩子提建议的时候，一定要注意说话的方式。

我用积极的语气，向孩子建议："如果能早10分钟出门的话，就不会迟到了。"孩子便不会像往常那样反感了。"怎么做比较好呢？""你想怎么做呢？"父母在向孩子提建议的时候，可以用提问的方式，让孩子表达自己的想法，阐述理由，不能去指责孩子。

在问孩子"为什么""怎么样"的时候，父母一定要多加注意，可以这样问孩子："我猜你不能很快做完肯定是有理由的，能和妈妈说说吗？""我也知道游戏很好玩，但是如果一直玩游戏，是不是就没时间做别的事了？"

行动起来吧！

不能顺利进行时的计划修正法

不能按计划实行的时候

尽管我们制订计划的时候已经尽量做到周全,但是总会出现意料之外的问题,妨碍计划的顺利执行。很多人在计划受阻的时候,会陷入悲观情绪,觉得自己"不行",这样只会让事情变得更糟。

这个时候可能需要我们重新调整计划。父母可以和孩子一起探讨一下没能顺利进行的原因。一般情况下,不外乎以下两种原因:

A. 虽然按照计划执行了,但是仍没做完。

B. 没有按照计划执行。

如果你是因为原因 A 没能达成计划,首先要检查一下之前制订的计划是否存在问题。如果计划的时间太短,可以重新规划,给出充裕的时间。

如果是因为原因 B 没能达成计划，就要考虑一下以下几个方面。

1. 时间设定是充足的，但是自己没能好好利用时间，把该做的事全忘了。

制订好计划之后，父母要监督孩子到底有没有认真执行。如果孩子偷懒了，父母要加以提醒："是不是还有该做的事情没有做啊？"

2. 没有按照预先计划的时间执行，明明时间不够了，还总是只做自己想做的事。

首先孩子要认可自己制订的计划，在此基础之上，父母要和孩子探讨一下，为什么没能按计划执行。如果孩子只想先做自己"想做的事"，父母一定要和孩子商定具体的结束时间，然后由父母监督孩子遵守约定。

3. 孩子做事缺乏持续性，容易厌倦。

小孩子的注意力通常只能维持 15 分钟左右。父母可以建议孩子，每 15 分钟休息一下，转换一下心情。建议孩子一开始制订计划的时候，就把该做的事和喜欢的事穿插着安排，让孩子能够劳逸结合。多出来的时间作为奖励，让孩子做自己想做的事。

如果孩子作业还没做完，就想去看电视，父母可以提议，帮他把想看的节目录下来，等他做完作业之后再放给他看。

行动起来吧！

孩子行动的时候,父母要陪伴

刚开始的时候,父母要确保孩子制订的计划确实能完成,心急吃不了热豆腐。当然要按照事情的紧要程度的顺序执行,但是那些紧要程度相对较低而孩子很想做的事,最能调动孩子的积极性。执行的时候要考虑实际情况,分配时间时要确保孩子能集中精力。

对于无论如何都无法专注的孩子,父母可以一边看书一边陪着孩子做作业。父母先和孩子约定好时间,约定这段时间内不能聊天,要集中精力认真做事。

小学低年级的孩子,可能很难长时间地坐在桌子前。父母可以先让孩子在桌子前坐一小会儿,一步一步尝试。也可以把陪伴孩子的时间和自己的休闲时间结合起来。

家长的正确做法

父母觉得疲惫,孩子也会遭殃。家长要保持心情舒畅,能量充沛,才能让笑容始终挂在脸上。

为什么不能放开手

父母冲孩子发火,有时是因为父母已经很累了,对孩子缺乏耐心。尽管心里想着和孩子说话的时候要注意方式方法,还是忍不住会情绪激动,让事态更加恶化。

就算父母心里明明知道,孩子迟到了是他自己的事,想要保持沉默,却怎么也做不到。你是不是也有这样的困扰呢?

父母可以让孩子想一想:这到底是谁的问题?

也可以问问自己,为什么难以容忍孩子的失败,为什么对孩子说出了带有攻击性的话语?

我想,你一定能找到答案。

● 行动起来吧!

指导 5

为什么非要父母提醒

失败是成功之母,父母要引导孩子学习自我肯定,鼓励孩子自己找到问题的解决办法。

孩子计划早上 6 点起床,但是总是做不到。

妈妈:早上 6 点你总是起不来,想要试一下平时做不到的事吗?还是打算重新调整一下起床时间呢?
> 与其让孩子勉强去做自己做不到的事,不如让孩子来思考一下,自己能做到什么

孩子:那早上 6:20 起床吧。

妈妈:嗯,你平时都是 6 点半起床,早 10 分钟的话应该没问题。那么,你打算几点吃完早饭呢?
> 和孩子确认孩子能做的事

孩子:嗯,7:20 能吃完。这样我刷一下牙,7 点半就能出门了。

妈妈:这样出门的时间和平时一样呀,那你今天有什么新的发现吗?
> 父母要和孩子说一下自己注意到的事

孩子:今天,我知道了自己以后能做到什么,觉得很幸运。

妈妈:觉得很幸运呀;那么知道了什么呢?
> 让孩子来从别的方面思考

孩子:6 点起床,说起来容易,做起来好难呀。

妈妈:是呀,做起来很难呀。那么,你觉得怎么做比较好呢?
> 催促孩子思考

孩子:嗯,但我其实还是很想 6 点起床,这样早上时间就很充裕,我可能还能有点时间来看电视。

➡ 下页继续

妈妈：这样呀，这样时间更充裕呀。那么想要6点起床的话，应该怎么做才好呢？ ▪┄┄┄ 父母可以这时候问问孩子的意见

孩子：估计我要晚上早点儿睡才行。我感觉，要比现在早睡30分钟才能那会儿起床。

妈妈：这样呀，如果晚上早睡30分钟的话，会有什么变化呢？ ▪┄┄┄ 让孩子确认，这种改变会不会对自己的计划造成影响

孩子：嗯，晚上总是因为看漫画所以晚睡，以后就在规定好的时间睡觉，再也不晚睡了。

妈妈：这样呀，那么能做到吗？

孩子：嗯，能做到！

妈妈：可这样一来，想看漫画的时候怎么办呀？ ▪┄┄┄ 要问问孩子自己注意到的事

孩子：有时间再看，没时间就先不看了。

妈妈：这样呀。这是你自己想出来的办法，真是了不起呀。

孩子：虽然现在6点起不来，但是，如果6点能起床，就有时间能做好多事，那我明天要挑战看看！

● 行动起来吧！

让孩子自己管理时间

没有铃声的小学

最近我去拜访了几所小学,发现了一件令我十分意外的事。那就是,学校里没有"铃声",没有任何提示音告诉孩子们休息时间结束了,大家都自己看钟表,下课时间结束了就主动回教室,学校是想通过这种方式让孩子自己学会管理时间。

如果孩子要父母叫他起床才起,和他说"该出门了"才走,说明孩子没有任何自主性。让孩子自己管理和感知时间,是为了培养孩子对时间的感觉。

等待

我的孩子念小学低年级的时候,有一天他到家后和我说:"今天我要早点儿吃晚饭,待会儿要和朋友出去玩。"但是,当我问孩子几点和朋友去玩的时候,孩子只是回答我,吃过晚饭之后。于是,我又问孩子,

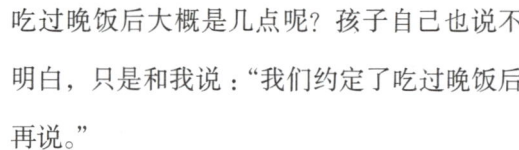

家长的正确做法

「试着做一下吧，一定能做到的！」

父母对孩子的过度保护，会破坏孩子的自主性。所以父母要学会放手，试着相信孩子。

吃过晚饭后大概是几点呢？孩子自己也说不明白，只是和我说："我们约定了吃过晚饭后再说。"

但是，那天孩子的朋友吃饭吃得比较晚，等他给孩子打电话的时候，已经很晚了。孩子一边等电话，一边做作业，作业自然写得不踏实。最后因为太晚了，也没能和朋友出去玩，孩子心里很不痛快。

对孩子来说，等待也是学习时间管理的好机会。在主题乐园等相对安全的活动场所，可以和孩子约定，30分钟之后集合。或者，家人一起出门的时候，父母可以和孩子约定几点在指定的车站入口集合。父母可以根据孩子的年龄，选择恰当的训练方法。

行动起来吧！

训练

14

和爸爸会合

时间管理

如果和人约定在外见面,会遇到很多意外,导致不能准时到达约定的地点,比如交通阻塞。所以,一开始约定见面时间的时候,就要把可能迟到的因素考虑进去,在教导孩子学习时间管理的时候也要注意这些问题。

做 法

① 交代清楚注意事项之后,放心大胆地让孩子去尝试吧。
② 父母在约定的地点等孩子,如果觉得担心,可以让孩子拿上手机。

<例子>
"今天我们一起到爸爸公司附近去吃饭,订了6点半的位子。我们要从家里出发,6点15分在爸爸公司附近的车站集合。你说,我们几点从家里出发比较好呢?咱们一起思考一下好不好?"

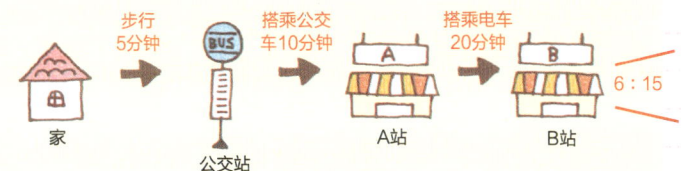

- 路上就要花费35分钟。在A车站买票还要花5分钟。
- 那个时间段出门,路上很容易交通堵塞,搭乘公交车的时间可能还要再加上10分钟堵车的时间。
- 35+15=50。这样一算,比约定时间提前50分钟出门就行了。

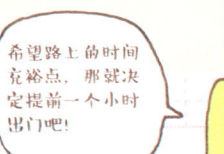

让孩子心怀梦想

让时间过得有意义

如果我们能够做到高效地利用时间,那节约出来的时间,用来做什么好呢?

如果问美国的小朋友,想用节约出来的时间做什么。有的小朋友会说,希望能用这些时间和家人一起玩儿。"今天的作业非常多,都没时间和妈妈一起玩儿了。"

父母重视家庭,孩子才会重视和家人一起度过的时光。

怎样才能让时间过得有意义呢?不一定非要"做什么事"才会让人觉得有意义。

对于一些人来说,在一段时间内完成了很多计划,他会觉得这段时间过得很有意义。对于另外一部分人来说,和家人朋友一起愉快地嬉笑玩耍,一起看电影或踢球,也会觉得这段时光过得很有意义。

还有人喜欢享受独处的乐趣,他们觉得独处的时光才是有意义的。

行动起来吧!

不管有意义的时光到底指的是什么,总的来说,只要你觉得充实,就说明你度过了一段有意义的时光。父母要让孩子意识到,之所以要高效利用时间,就是为了挤出这部分我们能够自由支配的有意义的时间。

父母可以让孩子好好想一想,"什么时候会感到快乐?""感到快乐的时候,是在做什么?"

写给心怀梦想的孩子

想做的事和喜欢做的事,会指引你找到梦想。

在美国,一月的第三个星期一是"马丁·路德·金日"。这位反抗种族歧视的牧师,在著名的演讲"I have a dream(我有一个梦想)"中,诉说了他的梦想。每年的一月，全美国的学校都会把"我有一个梦想"的标语及孩子们各种各样的梦想贴在路旁。

那么，你的孩子想做什么，将来想从事什么职业呢？

如果贸然地问孩子："你的梦想是什么？"孩子可能会说："没什么特别想做的。"

但是，这个未解决的问题会在孩子的脑海中画一个问号，随着时光的流逝，孩子会慢慢找到答案。

有时候，我们不得不面对现实。我从成年人的角度举一个例子。有一次，一个朋友问另一个朋友："你的梦想是什么？"没想到，被问到的另一个身为优秀翻译家的朋友，竟然说出的是一个很容易实现的目标。这让我觉得她封闭了自己的梦想，因此对她说道："不要给自己设限啊。"听到我这么一说之后，她两眼直发光，和我说起了她的梦想。

现实的答案也没什么不妥，但是如果只考虑现实问题，可能会无意间忽视掉自己真正想要追求的东西。

不要过分放大现实生活中的限制，如果用积极的心态鼓励自己"能够办到"，也许那些曾经错过的梦想和机会，会离你越来越近。

如果心里想着"肯定实现不了""根本不可能办到"，到头来，扼杀掉各种可能性的不是别人，而是我们自己。

身为父母，千万不要给孩子设限制。要鼓励孩子去尝试自己喜欢的事、热衷的事，这是让孩子积极面对生活的第一步。

行动起来吧！

一旦孩子有了梦想,他便会自然而然地体会到时间的宝贵之处。

成为自己人生的主人翁,朝着梦想积极前进,每天内心都觉得无比充盈,所有父母都希望自己的孩子能过上这样的人生,我们就和孩子一起努力,做好孩子最坚强最有力的后盾吧。

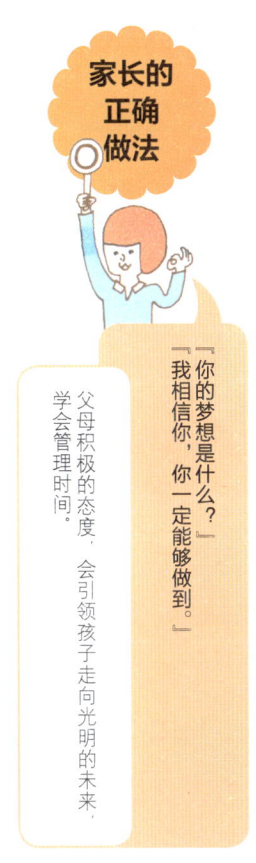

家长的正确做法

"你的梦想是什么?"
"我相信你,你一定能够做到。"

父母积极的态度,会引领孩子走向光明的未来。

学会管理时间。

附 录

如何与不同类型的孩子沟通

了解孩子的类型

孩子的性格各不相同,有的天生具备领袖气质,有的孩子性格温和,处处替他人着想。在指导孩子进行时间管理时,父母如果能考虑孩子的性格,选用恰当的语言加以引导,孩子就更容易接受。

JAM 网站通过研讨会讨论出了一套用于检测孩子性格类型的测试题,我们一起做做看吧。

如果你之前没有想到根据孩子的性格"因材施教",那么采用了适合孩子的沟通方法后,一定会惊叹,换个方法居然能起到这么惊人的效果。在下一页,我们会把孩子的几种性格类型介绍给大家。父母在与孩子沟通的时候可以加以参考。

通过测验了解孩子的性格类型

在A～D，四项描述中，找到与孩子相对应的一项，哪项描述与孩子更吻合，孩子就属于哪种类型。

A
- ☐ 能照顾他人的孩子王
- ☐ 大方，心胸开阔
- ☐ 值得信赖，不会拒绝他人的请求
- ☐ 不善于发现自己的弱点
- ☐ 多数场合都很活跃
- ☐ 有时候会指使别人做事
- ☐ 深得老师信赖
- ☐ 喜欢自立
- ☐ 经常成为小团体的领导
- ☐ 有时会努力挑战不可能

B
- ☐ 不会做自己不认可的事
- ☐ 按照自己的节奏工作
- ☐ 总是很冷静
- ☐ 对感兴趣的事情很有干劲
- ☐ 有自己的见解
- ☐ 经常不听别人的建议
- ☐ 热心研究
- ☐ 很像个小大人
- ☐ 不太懂得合作

C
- ☐ 有很多想法
- ☐ 性格开朗，精力旺盛
- ☐ 容易半途而废，就算定了计划，很难按部就班坚持下去
- ☐ 好奇心旺盛
- ☐ 喜欢新鲜事物
- ☐ 喜欢说话
- ☐ 话题很丰富
- ☐ 有很多朋友
- ☐ 几乎没有烦恼
- ☐ 讲规矩

D
- ☐ 做事周到
- ☐ 倾向于对他人提供正面的支持
- ☐ 想要成为对别人有用的人
- ☐ 温柔
- ☐ 讨厌吵架和冲突
- ☐ 话不多
- ☐ 为了别人高兴，不惜委屈自己
- ☐ 容易被别人影响
- ☐ 不会痛快地说出"不"字
- ☐ 容易害羞

➡ 孩子性格类型的解读，参见下一页内容

 与 A 更相符　　　　与 B 更相符

所谓的好孩子类型

冷静型

性格……朋友当中值得信赖的类型。被依赖的时候会很开心，如果是他自己的选择，就会干劲十足。反之，为了应对周围人的期待，也会硬着头皮做一些办不到的事。请家长注意不要给孩子太大的压力，要对孩子说一些能够缓和压力的话，如"真努力啊，但是真的没关系吗？"，等等。

制订计划的方法……父母可以明确地告诉孩子他应该做什么，但是不要急切地催促孩子"马上做"，要尊重孩子，让他自己决定做事的时间。父母可以把孩子要做的事写在便签纸上贴起来，在自主开放的氛围中，孩子就能愉快主动地制订出计划。

督促方法……父母可以问问孩子"有什么需要我帮忙的吗？"确保孩子能够顺利完成计划。在孩子设定计划的过程中，表示出对孩子的信任，能培养孩子的责任感。

性格……顽固并且无理取闹的时候也是有的，往往会经过冷静的思考，再展开行动。一旦决定要做，就会朝着目标不断努力。

制订计划的方法……对这种类型的孩子，父母可以引导孩子以兴趣点为中心制订计划。这种类型的孩子非常重视"正确性"，所以可能因为追求完美而忽视时间，父母可以给这种类型的孩子准备一个电子表，让孩子能在掌控时间的前提下完成计划。

督促方法……父母可以问问孩子，"再过几分钟能出发了吗？"用这样的语言督促孩子行动。因为孩子很容易把注意力集中在眼前的事情上，所以父母要注意培养孩子的时间意识。

与 C 更相符   与 D 更相符

大大咧咧型   沉稳型

性格……开朗，大大咧咧，精力十足的个性。容易半途而废，经常不能长时间坚持一件事。好奇心旺盛，想挑战很多事，轻松自在的时候能够发挥出巨大的潜力。

制订计划的方法……这种类型的孩子善于提出自己的想法。父母可以多向孩子提出"明天你想要做什么呢？""如果要做这件事，怎么做比较好呢？"这类引导性的问题，让孩子主动思考该怎么做。这种孩子不太喜欢一直做同一件事，所以要让孩子觉得每天要做的事都不一样，明天的事会很有趣，让他对新的一天充满期待。

督促方法……"今天要做XXX，妈妈也很期待，我们赶快开始吧？"让孩子发现其中的乐趣，他就会干劲儿十足。

性格……虽然看起来有些成熟，实际上是非常温柔的人。非常希望能够帮助别人。一旦有人提出请求，虽然未必能做到也会尽力去做，所以注意不要给这样的孩子太大的负担。

制订计划的方法……对这种类型的孩子，父母可以把想要孩子做的事告诉他，告诉孩子怎样做能够帮到自己。可以用一个专门的本子记录孩子要做的事，如果顺利完成了，就在本子上贴一个小花。孩子觉得自己的努力"派上了用场"，以后做起事来会更加积极。

督促方法……父母可以对孩子说，"做完这件事之后，能帮我个忙吗？"用请求帮助的语气引导孩子做事。这种类型的孩子乐于助人，只要你表示需要帮助，孩子就会积极地伸出援手。

后记

相关制作人员的话

青木秀树
每个人的一天都是24小时。但是，如果一个人懂得珍惜时间，一件一件完成自己想做的事，就会发现，一天竟然"变长了"，能做很多事。

石川律子
孩子没有采取行动的时候，父母要尽量克制自己，把催促孩子"赶紧做"的话咽下去。对父母自身而言，这也是一种成长，希望读到这本书的家长能享受这个过程。

大和 都
时间面前，人人平等，每个人的一天都是24小时。父母要让孩子了解到，如果能够充分利用时间，就能过上满足而丰富的人生。同时，遵守时间也是尊重对方的表现。

大和明子
时间管理，不仅能够让人生变得丰富，也能铸就人与人之间的信赖关系。为了孩子的将来考虑，我现在也在认真地和孩子一起学习时间管理。

大塚智史
孩子在小时候就应该掌握"时间概念"。学习管理时间，是训练孩子自律的好机会。

小山知美
支配时间和支配自己的精力的道理是一样的。如果你懂得如何分配自己的精力，就能长时间保持精力充沛的状态。

草间由美子
做事拖拉、磨蹭，就会让时间白白溜走了。在"现在能做的事"和"现在应该做的事"面前，父母要让孩子知道，应该先做哪一个。如果能够管理好时间，生活就会变得更加有意义，请和孩子一起努力吧！

菅 京子
记得有一次，上小学五年级的女儿问我："明天要7点半到学校的话，几点起床合适呀？"我当时反过来问孩子："难道这种事都要问我吗？"现在回想起来，觉得非常惭愧。如果自己能更早看到这本书就好了。

狮子仓雅子
时间=人生。一个人支配时间的方式，就等于他支配人生的方式。人生只有一次，希望孩子能够学会管理时间，利用这个本领一点点实现自己的梦想。

铃木结子
懂得管理时间，能让人生变得更加丰富。看来我也要反思一下自己和孩子们的做法了。

畑 幸子
自己的人生,自己决定。因此,你的人生会怎样,也是由自身的习惯决定的。时间管理是成功人生的第一步。这本书很好地向孩子们解释了"自控力"的提升方法。

高取志津香
"赶紧的。"过去我常把这句话挂在嘴边。现在一想,为人父母却这样不耐烦,太需要好好反省了。像我一样,常常会不耐烦地催促孩子的家长,一定要读一读这本书啊。

三木香奈
如果孩子沉迷于电脑游戏,父母可以问问孩子"打算玩到什么时候?"这样一来,孩子就有机会开启"自律模式"。每天规定自由活动时间,生活就能变得有条不紊。

胁田 惠
孩子想玩,或者有想做的事,这些时候都是培养孩子学习管理时间的好机会。怎样才能实现目标呢?父母和孩子一起制订计划,如果孩子完成计划,记得一定要表扬孩子呀。

米盛贤治
"时间是自己能够自由支配的最大资产",父母要让孩子意识到这一点,管理时间是一个所有人都需要掌握的重要技能。

NPO法人 JAM网

JAM是Japanese & American Mothers的首字母的缩写,是日本、美国两地父母、孩子和教师互相交流的平台。2002年,JAM网依托美国的取材,根据日本的实际情况提出了沟通技巧和训练方法,在社会各界引起很大反响。2003年10月,JAM网转变为培养孩子和父母、老师沟通技巧的非营利机构。以父母、子女和教育者为对象,JAM网在日本各地举办了多场讲座和研讨会。

整理好身边的物品

忍住！

别插手！
让孩子独立的自我管理课 ❷

[日] 高取志津香 日本NPO法人 JAM网 编著

李俊 译

九州出版社

图书在版编目（CIP）数据

忍住！别插手！让孩子独立的自我管理课．整理好身边的物品／（日）高取志津香，日本NPO法人JAM网编著；李俊译．－－北京：九州出版社，2018.3（2018.6重印）
ISBN 978-7-5108-6725-5

Ⅰ．①忍… Ⅱ．①高…②日…③李… Ⅲ．①自我管理—儿童读物 Ⅳ．①C912.1-49

中国版本图书馆CIP数据核字（2018）第044827号

Original Japanese title: DAMETTE IWANAI KODOMOE GOOD ADVICE 2 MINO MAWARI NO OKATAZUKE

Copyright © 2016 by Shizuka Takatori

Illustration copyright © 2016 by Tomoko Ishimura

Original Japanese edition published by Godo-shuppan Corporation Ltd.
Simplified Chinese translation rights arranged with Godo-shuppan Corporation Ltd.
through The English Agency(Japan) Ltd. and Eric Yang Agency, Beijing Office

版权合同登记号 图字：01-2018-1127

培养孩子的独立性

该丛书旨在培养孩子的自理能力,而不是催促孩子"快点儿!",或是批评孩子"不行!"。

您会翻开这本书,就说明您在教育孩子方面一直肯下功夫。

可是一直不见成效。

出门的时候丢三落四、磨磨蹭蹭。房间里、桌子上总是乱七八糟的。零花钱都用来买零食和漫画……反正就没一件事是顺心的。

于是你就冲孩子大吼大叫:"赶紧的!""收拾收拾!""这样不行!"甚至开始责骂:"你都干了些什么!""我说的话你记不住是吗!"骂完孩子,自己又后悔了。

不是你说话大声,孩子就能进步的。

一位美国朋友曾经给我讲过寄宿在他家的日本高中生的事情。

"日本的孩子是不是都被惯坏了?被子、杯子、餐具就放在那里,

也不收拾。似乎等着别人帮他收拾。"

一位加拿大朋友也和我说过在他那里打暑期工的日本大学生的事情。

"除非你对他说'把这事儿干了',否则他什么也不干。"

应该让孩子自己思考"现在该做什么",然后主动去做,而不是在家长的催促下去做。

首先,有一点家长要明白——"孩子的事情让他自己做"。

迟到也好,丢三落四也罢,那都是孩子自己的事情。什么事情家长都考虑在前面,都安排好了,这样对孩子并不好。这等于剥夺了孩子成长学习的机会。必须让孩子明白"这是我自己的事情",让他自己去思考该怎么做。

还有一点就是,要教会孩子处理问题的具体方法。

没有哪个孩子生下来就会整理自己的物品,能够有计划地安排时间,或是合理使用零花钱。首先需要家长做示范,教会孩子应该怎么做,实际上就是制定一个"规范"。没有具体的规范,孩子不会明白该怎么做。有了规范之后,就可以让孩子按照规范去操作。

有的家长不告诉孩子该怎么做,觉得"孩子还小,怎么做得了?"千万不要这么想!不管针对几岁的孩子,学不会就反复地教。

该丛书旨在帮助孩子成长,让孩子能够"合理安排时间""整理好

身边的物品""掌握正确的金钱观"。家长应根据孩子的年龄和他在家的状况,适当地教会孩子去做这些事。

第一册"合理安排时间",是让孩子"有时间观念",然后安排事情的先后顺序,计算还剩多少时间,合理地分配时间。

第二册"整理好身边的物品",从"整理好自己的玩具"开始,最终让孩子学会整理自己身边的所有物品。

第三册"正确的金钱观",是让孩子掌握正确的金钱观,懂得金钱的来之不易,学会合理分配。通过让孩子有偿做家务的方法,教导孩子正确的金钱观。

很多家长都知道,孩子遭遇挫折的时候,家长不应该马上插手帮忙,但是真遇到那样的情况,还是忍不住去帮。这其实是在给孩子帮倒忙。为了培养孩子的自立能力,父母在想要帮忙的时候一定要尽可能忍住、不插手。

自我管理并不是一件容易做到的事,有时候对大人而言都是个难题,想要让孩子做到自我管理,面临的困难更是可想而知。当孩子觉得一件事有趣时,他便会乐此不疲地一直做下去,在这过程中不断挑战自己。这套书里列举的办法,既让孩子觉得有趣,又能让孩子自发地去做一些事。在配合使用这套书的同时,让我们一边鼓励孩子,一边共同训练吧!

在孩子未养成良好的习惯之前，我们要有耐心，一旦孩子养成了好习惯，之后的事就会自然而然地轻松起来。

在孩子小的时候，做父母的循序渐进地教他一些方法，培养他的自立性，并有意识地让他在生活中实践这些方法。让我们朝着这个共同目标努力吧！

高取志津香、NPO 法人　JAM 网

目录

整理的规则

困扰大家的"收拾难"问题 / 2

孩子收拾不了，很正常 / 5

指导沟通有诀窍 / 8

自立第一步，从收拾身边点滴开始 / 12

测试 孩子能做到的事 / 14

怎样分类才更好

想整理，先分类 / 18

向美国小朋友学分类 / 21

[训练1] 宣传单上的分类游戏 按照类别进行分类 / 25

[训练2] 金枪鱼 PK 鲸鱼 利用图示法进行比较 / 26

训练3 区分太阳和月亮 通过表格进行比较 / 27
分类训练始于生活点滴 / 28
训练4 垃圾其实是资源 按照规则分类 / 31
尝试给抽屉里的东西分类 / 32
训练5 整理抽屉 找到实用的分类方法 / 35
自己用起来方便的分类最重要 / 36
训练6 找到适合自己的分类方法 / 38

需要父母思考的问题

让孩子整理前,父母要注意这些 / 44
要有参与意识 / 46
指导1 督促整理 / 50
确定物品摆放的位置 / 51
指导2 想想玩具应该放在哪儿 / 56
如何不费力地把东西放回原处 / 58
保持一定的空间 / 64
训练7 包内探秘 提高空间意识 / 66
处理掉不需要的东西 / 67
指导3 处理掉不需要的东西 / 70
训练8 跳蚤市场初体验 教导孩子要爱惜东西 / 71
如何与家人携手打造更舒适的生活环境 / 72
掌握整理文件的方法 / 76
训练9 归档 整理各类文件资料 / 80

行动起来吧!

培养整理的习惯 / 84
让孩子了解"自己的责任" / 86
训练⑩ 诵读联络簿 做到不丢三落四 / 89
孩子能独立完成前,父母要从旁照看 / 90
遭遇困难怎么办 / 95
就算采取措施也不能顺利推进 / 100
训练⑪ 给自己充电 父母的作业 / 104
清晰传达需要孩子做的事 / 105
确认孩子是否真的明白,"提示"有技巧 / 108
积累微小的成功体验 / 110
训练⑫ 奖励印章 整理完成后,给孩子盖印章 / 113
孩子做到了要表扬,没做到要重新做 / 114
指导④ 遵守规则 / 117
提高热情大作战 / 119
训练⑬ 模拟实战 提高干劲 / 121
训练⑭ 预备,开始! 享受整理的乐趣 / 122
训练⑮ 大扫除 享受整理的乐趣 / 123
写给心中有他人的孩子 / 124
附录 如何与不同类型的孩子沟通 / 126

后记

相关制作人员的话 / 130

1

整理的规则

困扰大家的"收拾难"问题

随手乱放

从脚上扯下来的袜子,随手就扔到地板上。脱下来扔到沙发上的睡衣,像蝉壳一样留下"被穿过"的痕迹。桌子上的铅笔盒橡皮,早就忘了是什么时候扔在那里的。

电视机前散落着游戏手柄和软件,桌子上摆着学校发的资料。只要家里有一个人有这种随手乱放的坏习惯,这个家就怎么也收拾不完。

"用完一定要放回原处。"

就算妈妈眉头皱成"川"字,还是无法改变孩子的坏习惯。孩子屡教不改,做家长的自然心情不爽,愁容满面。

啊,你的房间什么时候才能像个大人的房间啊?

整理的规则

谁都是"乱扔星人"

别看你现在看到孩子乱丢乱放会皱起眉头,但是你可能也有乱扔东西的倾向,只是自己没有意识到罢了。

觉得那些高级点心的精致盒子和包装袋,总有一天会派上用场,就攒了一堆,结果也不过是保存了一堆漂亮的垃圾。心里想着,孩子小时候的绘画和手工都是美好的记忆,不能扔啊!就这样,家里的空间变得越来越局促。

刚巧读了本有关整理的书,打算一鼓作气大干一场,好好整理一番。尽管下了这样的决心,看到孩子小时候难得写出的清晰整洁的作业和玩的玩具,就又全收起来,结果房间还是一样乱糟糟的。

如果家长自己无法摆脱这种状况,不论向孩子大喊几次"收拾收拾!简直忍不了了!",恐怕孩子也无法如你所愿学会整理。

父母千万不要这么说

"赶快收拾!"
"为什么收拾不了呢?"

这些话毫无用处,还请家长多多注意。

孩子收拾不了,很正常

被喜欢的东西包围着是很幸福的

大多数父母都希望自己的孩子学会整理。但是,在孩子的头脑里没有想要把屋子收拾整洁的想法,其实是很正常的。

据我所知,孩子喜欢乱七八糟的环境。房间里堆着自己喜欢的东西,对于孩子来说简直是令人心情舒畅的天国乐园。

喜欢火车的孩子,不管什么时候,玩具轨道都想摊开放着。吃饭的时候,看电视的时候,都想去玩那个火车。喜欢英雄的孩子,不管什么时候,都想一眼就能看到他敬仰的英雄和憎恶的怪兽。

孩子不想收拾,这是很正常的事。让我们从现在开始帮他们学会整理吧!

一边抱怨一边帮孩子收拾的父母

训斥无法起到教育的作用,孩子不会因为家长的训斥形成主动整理的意识。

即使父母暴跳如雷,也是徒劳。这样反而会给孩子造成相反的效果。

我的朋友O,小的时候总是被父母训斥"赶快去收拾""怎么连收拾这点小事都做不好"。

这种牢骚听得耳朵都长茧了,可不但没有改善,反而让O有了"我无法做到这件事"的想法。

如果孩子一边对父母的训斥不管不顾,一边却发现,不知道什么时候,父母已经把东西都收拾干净了,孩子就无法形成自己收拾的意识,还会觉得就算自己不收拾也没什么,反正父母会收拾。

整理的规则

朋友O觉得，他们三兄弟之所以都不善于整理，父母总是帮忙收拾恐怕也是原因之一。

"简直没办法了！又搞得乱七八糟！"他的父母一边抱怨，一边却把O该做的做了。"这次先饶过你，下次不许了！"结果只能是反复发着无用的牢骚而已。

大多数孩子的父母都是这样。

父母千万不要这么说

"扔掉了哦。"
"以后不给你买了。"

这种话，最初还能威胁孩子去收拾，但是时间一长就不管用了。

指导沟通有诀窍

整理指导

没有谁生来就会整理,只对孩子说"赶快收拾一下!",孩子是不知道该怎么做的。

因此,父母应该一边示范,一边耐心地教孩子做的方法,指导孩子养成整理的习惯。

但是,现实生活中,倘若让孩子去收拾,没有给父母造成新的麻烦,就已经万幸了,更别提让孩子收拾。让他帮忙洗衣服,就能把要洗的衣服弄得乱七八糟;帮忙洗个碗吧,又把碗给摔了;叫他去收拾房间,结果房间没收拾好,又接着玩去了。父母面对这些场面,到头来忍不住会说:"行了行了,你看电视去吧,我来干。"

但是,这样是无法教会孩子整理方法的。长此以往,反而会对孩子造成不好的影响。因此,父母一定不要"帮孩子收拾"。

整理的规则

怎样才能教导孩子掌握正确的整理方法呢?

这本书不仅想引导孩子主动参与整理,还希望能教给孩子正确的整理方法。为了培养孩子的自立性,本书分享了美国孩子的整理方法,以及被JAM网站实际检验过的方法。

书中列举了很多可以在日常生活中采取的训练方法,培养孩子的自立性,做父母的千万不要灰心,不要觉得"自己家的孩子绝对做不到这些事"。让我们一起来努力培养孩子的整理能力吧!

父母也要掌握的"说话能力"

本书的一大重点就是,让父母学会能够直达孩子心灵的沟通方法。

比如,不对孩子说"赶紧收拾一下",换成"放到书架上"这类包含具体指示的话。

父母还可以利用特定时间点引导孩子参与,比如"快要吃午饭啦,能不能先来帮忙收拾一下啊"。

也可以通过问题调动孩子的积极性,让孩子主动去思考:"屋子怎样才能变整洁呢?"

通过这些例子不难发现,父母学会如何传达自己的想法非常重要。

这样的表述,不仅传达了自己的意图,还照顾了对方的情绪。

JAM网站指出,"说话能力"包含7种能力(不畏难、逻辑力、理解力、应答力、表达力,说服力,感染力),为了帮助父母提高自己的"说话能力",JAM网站介绍了一系列的训练方法。

这本书将会在美国通用的沟通方法基础上,结合商务指导与体育训练的方法,将提升咨询力、执行力、领导力等方面的知识,系统地介绍给大家。

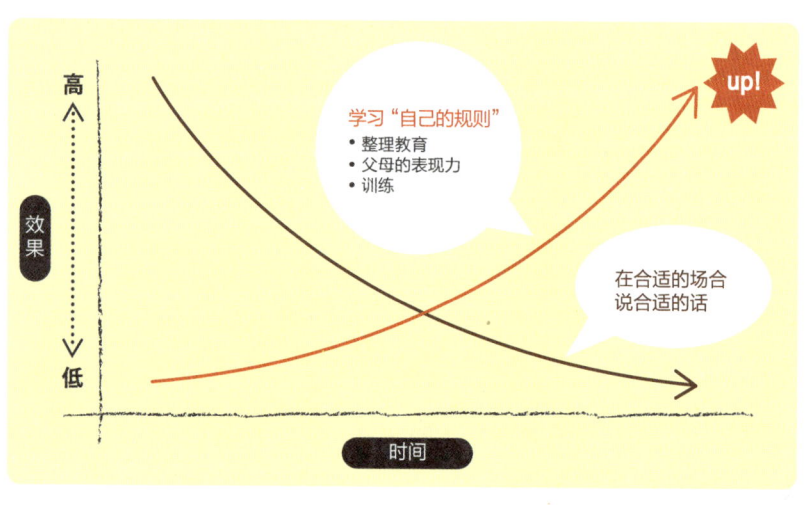

整理的规则

认真倾听，提出问题，以引发孩子主动思考，并采取行动。教育孩子时，采用体育训练的方法，能起到很好的效果。

不管是多么小的事，我们都应该一边发现孩子的优点一边引导他。如果孩子能逐步认识到自己的优点，就算心里觉得事情有些难办，也会产生想要跨越困难的想法。

父母千万不要这么说

"怎么又这么乱了？"
"说几遍你才能懂啊？"

心里本想教导孩子，但说出来的话根本不能建立孩子的自主性，只是在发牢骚而已。

自立第一步,从收拾身边点滴开始

本书的原则

　　我期望,这本书能教导孩子自己主动收拾身边的东西,养成整理的习惯:起床了自己叠被子,刷完牙后,牙刷和牙膏都能放好,让周围保持整洁,吃完饭能想着收拾碗筷……让孩子养成自觉去做这些小事的习惯。

　　有位外国友人曾对我说过这样的话:"日本的孩子是不是都被惯坏了?被子、杯子、餐具就放在那里,也不收拾。似乎等着别人帮他收拾。"我的这位外国友人,从小就开始自己整理自己的东西。对他而言,自己收拾好身边的事物是理所当然的。年纪稍大一些,他开始打扫庭院、分担家务。这是因为,他的家人将他当作一个大人来看待,当作家庭的一员来看待。

　　能够做到"自己的事情自己做",就相当于学会了自立。

　　在日本,教孩子能够自己收拾自己的东西,是很多幼儿园的重要

教学目标之一。大家都知道，尽管还是一个小孩子，也应该学习整理自己的家。但是，为什么随着孩子年龄的增长，这种基本的能力越来越得不到重视了呢？

我们总是以"学校的学习太忙了"之类的诸多理由当借口。国外的教育，主张通过让孩子整理自己的东西，培养孩子的自立性，与之相比，日本看重的却是孩子的学习能力。

为了将孩子培养成独立自主的人，给孩子成长的机会，还是要让孩子自己收拾吧。

父母千万不要这么说

"真拿你没办法啊！"
"就今天一次，下不为例！"

因为看不下去，就帮孩子把他该做的做了，孩子会因此丧失培养自立能力的机会，这种情况也会周而复始地继续下去。所以，从今天开始，无论如何，都请忍住，不能"帮孩子的倒忙"。

测试 孩子能做到的事

你的孩子，收拾整理的能力如何？
通过下面的列表测验一下吧！

- ☐ 叠被子（整理床铺）
- ☐ 整理睡衣，并将其放在指定的地方
- ☐ 刷完牙后，把牙刷和牙膏放回原处
- ☐ 上过厕所后，盖上马桶盖（防臭、节电）
- ☐ 知道刷杯子
- ☐ 吃完饭后洗碗
- ☐ 从冰箱里拿出饮料，倒完后放回去
- ☐ 回家后把包放到指定的位置
- ☐ 鞋子脱下来后，能码放整齐
- ☐ 能把脱掉的外套大衣挂到衣服挂钩上
- ☐ 学校发的资料，就算父母不提醒也不会忘带
- ☐ 能把用过的手绢、袜子放到洗衣机里洗
- ☐ 能够清洗水壶和饭盒（低年级的孩子可跳过）
- ☐ 能清洗、分类塑料瓶和饮料罐
- ☐ 能把洗过的衣服叠好并放到规定的地方
- ☐ 能把玩好的玩具放到规定的地方
- ☐ 能把看过的书放到书架上
- ☐ 画完画，将蜡笔放回盒子里
- ☐ 将吃过的点心包装放到垃圾桶
- ☐ 用完剪刀、指甲刀后，将它们放回原处
- ☐ 衣服上沾上油，能自己清理
- ☐ 出门关灯（厕所、卧室）
- ☐ 看完电视关电视，打完游戏关游戏机
- ☐ 洗完澡，将用过的东西放回原位
- ☐ 溅出来的东西，能收拾干净
- ☐ 家里别的成员吃饭的碗筷能帮忙清洗
- ☐ 能给抽屉分类，哪里有什么一目了然
- ☐ 不止打扫自己的房间
- ☐ 能够清洁浴室和厕所

● 整理的规则

2

怎样分类才更好

想整理，先分类

抽屉里的东西，和脑袋里的东西是一样的

我曾有幸到访新闻工作者的工作室。工作室里有一个从墙的一角直达天井的大书架，书架上所有的书籍都按照相应的类别码放整齐。身处那样井然有序的环境，我忍不住偷偷拉开一个抽屉看了一眼，所有的文具都放得整整齐齐。

我不由地感慨道："整理得好干净啊！"对于我的感慨，友人不以为然地用一句话轻松带过："抽屉里的东西和脑袋里的东西其实是一样的。"话虽简单，却颇有几分道理。我不由想到自己的抽屉，放东西的时候都是往里塞，听到他这句话犹如醍醐灌顶，马上就想通了。

把生活中各类复杂的信息加以整理后记在脑子里，和把东西整理好后放在抽屉里，这两件事之间存在很多相同之处。

善于整理的人,其实是因为有自己的方法

对于整理这件事而言,分类能力不可或缺。分类有很多种方法,按组来分,按目录来分,都可以。换句话说,善于整理的人,其实就是善于分类的人。这样的人,能够清楚地知道自己到底拥有什么,哪些东西是重要的,能够把相关联的东西联系到一起。

让我们试着把书架上的书码放整齐,看看会怎样吧。

恰当的码放方法,可以让我们在想读一本书时不用浪费时间去想,费力去找。只要书架上的书分类得当,谁都能马上把自己想要看的书找出来。

分类是很必要的,不必拘泥于一种方法。依据书的尺寸、类别、作者、时间等,有很多方法可供选择。

书架上的书如何码放，不同的人会选择不同的方法。身高不同，视线自然会不同，手能够得着的范围也不尽相同，所以码放的方法肯定不会千人一律。除此之外，不同的人经常阅读的类别也不尽相同。也就是说，整理书架的准则因人而异。如果不是按照自己的偏好和习惯整理，就算费劲整理好，自己看书的时候还是不方便，不用说，很快又会变得乱七八糟。

不白费功夫的整理秘诀就是，充分了解自己的偏好和行为习惯，再确定分类方法。

为了更好地掌握整理的能力，让我们先学会分类吧！

父母可以这么说

"接下来妈妈（爸爸）也会努力的！"

很多人，不论是抽屉还是自己的头脑里，都乱糟糟的。虽然明白怎样是好的，但还是做不到。对自己的孩子说：'妈妈（爸爸）也会努力的。'然后和孩子一起努力吧！

● 怎样分类才更好

向美国小朋友学分类

系统化的整理

  我曾在美国居住过一段时间,当时孩子上的是社区的公立学校。作为志愿者,我也经常去学校。学校里,每个孩子都有一个带钥匙的小柜子,可以放衣服和书包等物品,这个柜子就归他们自己管。孩子们通常会把教材、图鉴这样比较重的东西放在学校。需要带到学校去的东西,也就是文具、笔记本和午餐盒而已。画画用的彩色蜡笔和彩笔,做手工的剪刀和胶水,以及纸等学习用品和办公用品都是大家共用的。

  每学年的开始,小朋友们的家长会根据班主任的要求,带来新学期同学们需要的东西。由于彩色蜡笔、水彩笔、胶水和剪刀这类的文具不是个人私有,而是大家共用,小朋友们用完这些东西会按照物品的种类认真分类。(参考第 23 页的照片)

  没有谁天生就知道什么东西应该怎么放。如果大人们塑造出了一个井然有序的环境,就算不教孩子怎么做,孩子也能自然而然地学会整理物品的方法。正是基于这个观点,美国小学才实行了这样的教育。

想要将环境整理得井井有条,需要掌握以下要点:①按照种类和形状大小准备分类箱;②给箱子贴上标签,便于一目了然地知道里边装了什么;③收拾的时候不要好大喜功,一点一点来;④常用的物品要放到容易拿到的地方。

这样一来,孩子们完成作业后,就可以顺手将用完的东西放回分好类的箱子里去。东西好拿易放,就容易整理,不觉得费力。

思考之后再分类

可以利用超市宣传单,为小学低年级的孩子布置一项作业。

我们常会从外边拿回来各种各样的宣传单。可以把上边的商品剪下来,按照面包、饮料、蔬菜,或者是服装、鞋、家电这样的分组进行分类,再贴到纸板上。如此一来,这个有趣的作业就变成了收集同类项的游戏。孩子们通常很喜欢这样的分类游戏,在家里也会兴冲冲地加以实践。

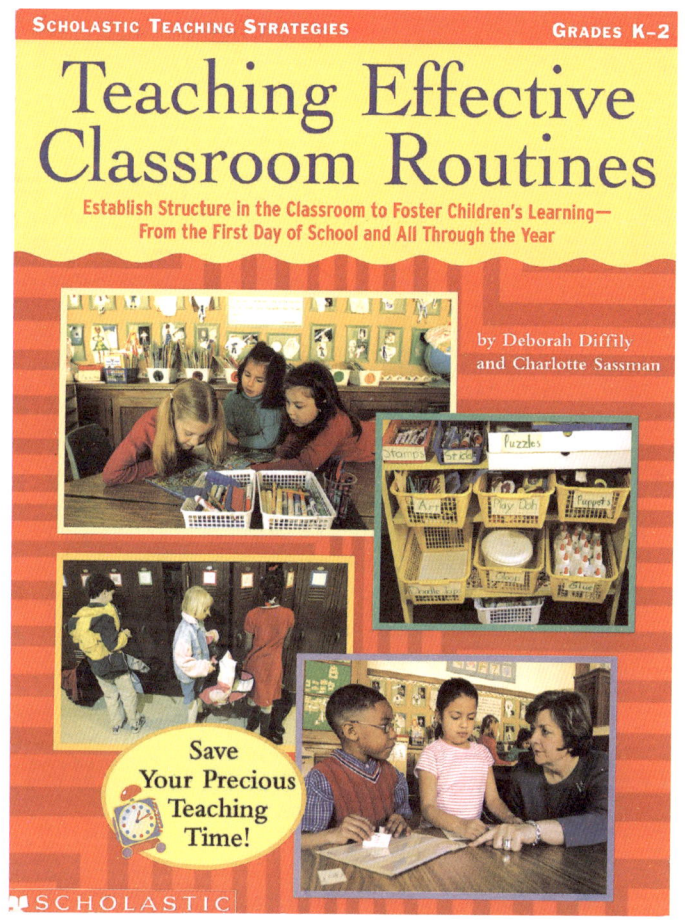

　　美国小学二年级的教参书 Teaching Effective Classroom Routines。
　　对于个人不带文具，文具公共化的美国小学，整理是一项不可欠缺的技能。这本教师用书中，详细介绍了不同的孩子分别需要做到哪种程度。对于"将使用完的物品放回原位"这件事是否有助于在系统化的教育中发挥作用，也给出了明确的解释。在这种教育环境下，孩子们就能自然而然地学会整理的方法。

这种有趣工作，其实是个非常棒的分类练习。分类练习能够训练比较能力和分类能力，是培养逻辑思考的基础。孩子们可能不会意识到某些行为背后的道理和作用，但是会因为觉得有趣而乐此不疲地进行分类。

分类是整理的基础。换句话说，通过整理，就能在日常生活中培养逻辑分析能力。

一起来进行分类练习吧

通过比较复杂的事物之间的异同，找到共同点进行分类，理论上这种方法被称为"归纳法"。同时，分类也是逻辑思考的基础。通过观察物品找出"相同"和"不同"之处，依此进行分类。比较和分类的工作，可以当作培养逻辑思考能力的基础训练。

下面的练习，是美国小学惯用的比较和分类练习。虽然是为了提高孩子思考能力而设置的训练，但是也能提高孩子整理时所需的分析能力。

训练

1

宣传单上的分类游戏

按照类别进行分类

收集孩子们感兴趣的传单。只要是会用剪刀的孩子,就能独立完成。

需要准备的工具

- 报纸折缝的广告(超市的宣传单、印有大量商品小图的广告)
- 剪刀
- 记号笔
- 纸板
- 胶水

步骤

①用剪刀把宣传单上的商品剪下来。
②把饮料、肉、蔬菜、鱼、干货等,按照类别分开。
③把②中分列好的图片贴到纸板上,用记号笔写出这个类别的标题。

训练
2

金枪鱼 PK 鲸鱼
利用图示法进行比较

用图示法判断二者之间包含或不包含的关系,能够一目了然地看出集合之间的关系,在比较事物时能起到很大的帮助作用。

问 题

阅读下面的内容,将鲸鱼和金枪鱼进行对比。将分析出的结果写入图表。年纪较小的孩子,可以在父母的帮助下阅读、思考。

- 鲸鱼和金枪鱼,都是生活在海里的生物。通过尾巴和鳍来游泳。
- 金枪鱼是一种鱼,是卵生的。
- 鲸鱼和人同为哺乳动物,直接生出小宝宝。
- 数鲸鱼,单位用一头、两头。数金枪鱼,单位用一条、两条。
- 不论是鲸鱼还是金枪鱼,都有很多的种类。
- 金枪鱼有南部金枪鱼和黑金枪鱼等。
- 鲸鱼有座头鲸、抹香鲸等。

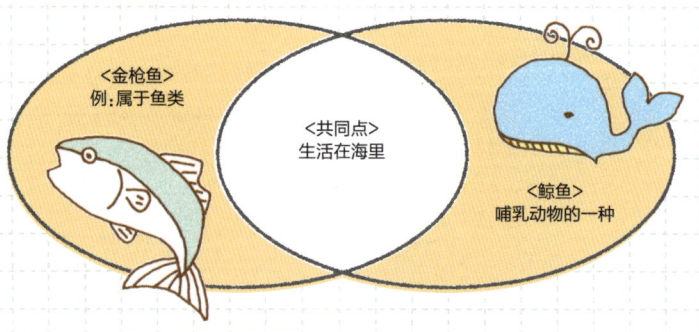

● 怎样分类才更好

训练

3

区分太阳和月亮
通过表格进行比较

这个训练,是将相同点列成一览表进行比较,帮助孩子在脑海中形成清晰的整理思路。

问 题

阅读下面的文字,将太阳和月亮的特点写进表格。年纪较小的孩子,可在父母的帮助下阅读、思考。

- 太阳和月亮都是宇宙中的星球,都是球形。
- 太阳自己发光,月亮靠反射太阳光发光。
- 太阳大概是地球的109倍大,月亮大概是地球的四分之一。但是从地球上看,太阳和月亮几乎一样大。
- 地球从太阳和月亮获得的能源是不一样的。
- 地球从太阳处获得的能源,大概是从月球处获得能源的50万倍。

	太阳	月亮
形状		例:球形
大小		
是否自己发光		
是否在宇宙中		
能源的比重		

分类训练始于生活点滴

整理可以锻炼大脑

有一次,我去朋友家做客,友人对刚刚吃了布丁的女儿 M 说:"吃完了要把东西收拾好哦。"

刚刚 2 岁的 M 还是一个小不点儿,屁颠屁颠地跑到厨房去,稍微想了一下,洗了勺子,然后把塑料杯丢到垃圾箱里。"真了不起!"看着她的身影,我忍不住赞叹。

M 这么小,就学会了分类,能按照记忆把自己用过的东西收拾好。日常收拾整理这类的小事虽然简单,但包含了一系列的思考过程。

你家有过这种情况吗,因为觉得孩子有很多事要做,怕他顾不过来,干脆就不让他收拾了?

你有没有想过,你的这个行为,反而剥夺了孩子锻炼大脑的机会呢?

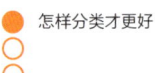

怎样分类才更好

一石三鸟的帮助

真的是这样！分类训练其实潜藏在每天的日常生活中。比如，垃圾分类。和孩子一起，把收集的瓶瓶罐罐扔到该扔的地方，这对于孩子来说也是一种锻炼。在垃圾分类的过程中，通过问孩子问题来引导孩子思考，例如："这个东西可以扔到这里吗？"让孩子充分了解，不同的垃圾桶应该扔什么东西。

我的朋友 I，通过和孩子讲述垃圾资源的演变过程，让孩子意识到自己也是地球的一分子。从那以后，孩子更加重视垃圾分类这件事了。

朋友 W 的女儿 K，从小便和父母一起整理玩具。比如，纸牌之类的东西用橡胶皮套捆好，玩具海豹放到有拉链的袋子里，布偶和球放到箱子里。

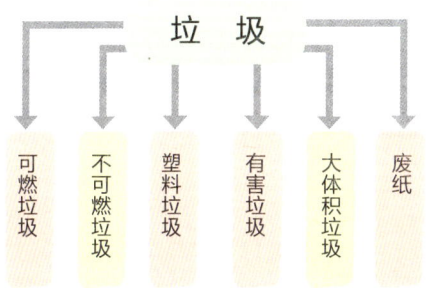

孩子也可以用要洗的脏衣服做分类练习。将要洗的衣服收拾到一处，然后对孩子说："把相同的东西放在一起。"这样就能让孩子进行分类训练了。可以按照下装、上装、袜子、毛巾（大、小）等类别进

父母可以这么说

孩子整理完之后,可以用这样的话来鼓励孩子。

"帮大忙啦!"
"真是谢谢你呀!"

行分类。也可以按照衣服的归属人进行分类,准备好和家庭成员数目相应的筐,在筐上贴上家庭成员的名字,开始和孩子一起做分类练习吧。

幼儿园的孩子一定会觉得这是有趣的游戏,兴高采烈地参与进来。孩子稍微长大一点儿,可能就不会觉得有趣了,但是只要父母表达出需要孩子帮忙的愿望,孩子通常都会乐意帮忙。

除此之外,买来的食品中,有的需要冷冻,有的需要冷藏,有的可以常温储存,因此要分别放进冷冻室、冷藏室和储物柜中。鼓励孩子帮父母收拾买来的食物,这也是很好的分类练习。

● 怎样分类才更好

训练

4

垃圾其实是资源

按照规则分类

垃圾分类非常重要。家长们应该先了解垃圾分类的规则,以及为什么要这样分类,然后一边跟孩子耐心讲解,一边让他去实践吧。如果父母表现出自己会帮忙的意思,孩子做事的时候也会更积极、更有干劲。

需要准备的工具

◦ 家庭垃圾　　　　　　　　　　◦ 家用的垃圾箱和垃圾袋

步　骤

① 给不同类别的垃圾准备好相应的垃圾箱和垃圾袋。
② 通过"这个要放到哪里啊?"这样的问题来引导孩子。
③ 如果孩子不知道应该怎么分类,要耐心教导孩子,告诉他什么垃圾应该放在哪个类别的垃圾箱或垃圾袋中。
④ 在日历上标记垃圾回收日,让孩子有意识地将这个日期和垃圾回收这件事联系起来。
⑤ 让我们一起来扔垃圾吧。试着把这个工作交给孩子。

要　点

* 垃圾分类一定要在轻松愉悦的氛围下进行,不要勉强孩子做他不想做的事。
* 和孩子一起去垃圾回收点,看孩子扔的位置是否正确。
* 给孩子读和环境相关的书籍。

尝试给抽屉里的东西分类

按自己的喜好分类

让幼儿园大班的 S 和小学六年级的 T 分别对同一个抽屉进行分类,两个人的分类完全不同。抽屉里有胶水呀,剪刀呀,橡皮呀,夹子、笔记用纸等很多乱七八糟的东西。

下一页的表格描绘的就是他们的分类结果。T 按照大类进行了区分,S 则做了非常细致的分类。还在读幼儿园的 S 不知道"文具"这个概念,因此分出了铅笔、彩色蜡笔、钢笔这样具体的类别。

一般来讲,随着年龄的增长,孩子会渐渐掌握将物品进行概念分类的能力,这是因为他们具备了抽象思考的能力。

根据相关性分类的时候,即便是同样的物品,不同的人也有不同的分法,这里列举的方法,也是根据各自的观点来划分的。

怎样分类才更好

 ## 幼儿园S的分类

笔	铅笔	彩色蜡笔
自动铅笔、圆珠笔	用过的铅笔	彩色蜡笔
黏土工具	**环形的东西**	**没有削过的铅笔**
铲刀	腕带	新铅笔
长条的东西	**零碎物品**	**纸类物品**
钥匙链、皮带	电池、串珠、小零碎、弹珠	书签、便签条、信纸
折纸工具	**重要的物品**	**徽章类物品**
回形针	电子词典	名牌
切割用的东西	**不需要的东西**	
剪刀、钳子	DVD、CD、塑料袋、做版画用的竹皮刷、饰针	

 ## 小学六年级T的分类

文具类	钥匙链之类的东西	电器类
自动铅笔、圆珠笔、用过的铅笔、新铅笔、记事本、削笔刀	钥匙链、饰针、人偶手办、皮带	手电筒、电子词典、收音机
工具类	**音频相关**	**贵重物品**
剪刀、钳子、铲刀	DVD、CD、电池	做版画用的竹皮刷、腕带、玉、1美分硬币、抽到的上上签、鲨鱼的牙齿
不需要的东西		
黏土工具、塑料袋、坏了的收音机、名牌、回形针、不要的手办、不用的钥匙链		

父母千万不要这么说

"这样不行!"
"这样,错了!"

如果父母横加干涉了自己的意愿,被指手画脚,孩子积极性就会降低。不要说损害孩子积极性的话,要说有意义的话。

大人恐怕想不到孩子还会这样分类,由此对孩子产生新的认识。因此,最好一家人一起开展这样的活动,还可以起到增进了解的作用。

有时候,孩子的分类方法可能并不实用,但是千万不要说"这样不行"这类批评的话语。孩子在应用的时候,自然会发现其中的问题,做出调整。家长们一定要注意,孩子在发现并改正错误的同时,会自己找到恰当的分类方法。

如果想对孩子提出建议,可以用"我是这样想的,你觉得怎么样呢?"这类的话语进行引导。切记,父母从始至终只能扮演帮助者的角色。

怎样分类才更好

训练

5

整理抽屉
找到实用的分类方法

学校、补习班用的学习工具和玩具,以及衣服、文具、叉子和汤勺、筷子……无论是孩子的玩具还是厨房的用品,都可以让孩子去分类。顺便还可以整理一下厨房的抽屉。

需要准备的工具

- 小箱子(深的箱子、浅的箱子都要准备)
- 小罐子

※ 抽屉里的纸屑和不要的东西也可以拿出来参加分类

步 骤

① 把抽屉里的东西都倒出来。
② 让孩子思考如何分类。
③ 倾听孩子的分类理由。
④ 把分好类的东西放到合适的箱子里,一边鼓励孩子一边放回抽屉。

父母可以用这些话引导孩子做出判断:
"这个是做什么用的啊?"
"这个是什么时候使用的啊?"
"哪个是经常用的呀?"
"这个是大的还是小的呀?"
"这是什么颜色的呀?"
"这是什么形状的呀?"
"这是什么材质呀?"
"这个东西怎么用呀?"

自己用起来方便的分类最重要

掏耳勺可以放在笔筒里吗?

我家的掏耳勺放在客厅柜橱的一个小抽屉里,那个抽屉里还放着指甲刀、胶水等乱七八糟的小东西。我偶尔会顺手把掏耳勺放到写字台的笔筒里,丈夫看到了就会刻意提醒我:"掏耳勺用完,要放回抽屉里哦。"

但是,和 JAM 网站会员见面时,很多会员都说:"我家也放笔筒里。"也有人说:"我家的掏耳勺和指甲刀会放到特定的地方。"我突然明白了,对自己来说,实用的分类最重要。

整理房间,一方面是为了让房间里的东西井然有序,最重要的是为了自己找东西方便。如果从使用的场合来说,我把掏耳勺放到笔筒里没有什么不对。

怎样分类才更好

其他标准

对物品进行分类时,有时需要按照形状大小,有时需要按照时间进行分类。比如,衣服应该按照季节分类,还有按照东西是否有价值进行分类的。

所以说,从实际需求出发的分类方法,不管怎么分类都是正确的。我们生活中有很多教孩子分类的规则,但是从个人角度出发,实用、方便才是最重要的分类法则。

父母可以这么说

"哦,原来你是这么分的啊。"
"哎呀,你的分类方式好有趣啊。"

父母要常常对孩子表示肯定,说几句鼓励的话能提升孩子20%的干劲哦。

训练

6

找到适合自己的分类方法

分类方法多种多样,为了加深体会,我们可以通过下面这两个练习,找到属于自己的分类方法。

基础篇 哪些属于同类?

把箱子里的蛋糕分成2份。分别指出它们的共同点。顺便思考一下除此之外,还有没有其他分类方法。

下面这两种分类,哪个描述的是正确的,在括号里打钩。

①
( )水果不同
( )形状不同
( )蜡烛不同

②
( )水果不同
( )形状不同
( )蜡烛不同

● 怎样分类才更好

应用篇 设定分类标准

自己设定分类标准，将下面描绘的东西进行分类。（分成两类以上即可）
解释一下，你是按什么标准分类的。

训练 6
应用篇 参考答案

孩子的所有答案都是正确的,只要改变视角就会发现很多方法,也可能得出你从未想过的答案。

- 怎样分类才更好

3

需要父母思考的问题

让孩子整理前,父母要注意这些

采取有助于整理的收纳方式

在整理前,如果能做好相应的准备,整理的时候就能做到事半功倍、不费力气。

也就是说,整理前首先要塑造一个易于整理的环境。

比如,孩子从外边回来后,经常把袜子脱下来随手扔在一边,父母可以在玄关到走廊处,放置一个洗衣箱,教导孩子:"脱下来的东西直接放到这里。"

为需要整理的东西准备一个专用的箱子。比如,把学校发的资料放到一个专用的箱子里,箱子放在孩子能够得着的地方。

让整理变简单的3个要点：

①把辅助整理的箱子放在合适的地方；
②分解步骤，让整理变成易于完成的事；
③平时生活注意保持空间整洁，不乱堆东西。

设置好容易整理的环境，只需要短短几分钟就能完成整理工作。因为，易于整理的环境可以将整理过程演变成对孩子来说"不麻烦、不讨厌"的事，甚至很有可能变成一种乐趣。为了引导孩子，让他成为一个整理小达人，我们先从改变周围的环境做起吧！

父母千万不要这么说

"收拾个东西磨磨蹭蹭的。"
"就放那边吧。"
"待会儿再做。"

这里的每一句话，其实都在暗示孩子"你整理不了"。为了让孩子成为善于整理的人，父母要率先做出改变，不要再说出这样的话。

要有参与意识

培养孩子的参与意识

父母首先应该塑造一个便于收拾整理的环境,让孩子也参与进来,还可以提议让孩子做一些力所能及的事。

家长独断专行,当然会比和孩子一起做轻松很多,也能节约更多的时间。但是,在和孩子沟通之后再决定,什么东西放在哪里,尤其是孩子的物品和孩子的玩具,沟通后的结果反而更便于今后的整理和收拾。

同时,这个沟通的过程,也是孩子向父母学习整理方法的机会,因此千万不要小看这个过程。在和父母一起商量、一起思考的过程中,孩子会产生一种参与感,之后做起事来,更不容易犯错。沟通不当而导致孩子没有把东西放到合适位置,还要重新收拾,这种情况也就可以避免了。接下来,我们就和孩子一起收拾吧。

● 需要父母思考的问题

首先要认真倾听孩子的话

朋友O的孩子S小朋友在上幼儿园大班。朋友O会和孩子沟通,一起决定东西应该放到哪里。

之所以这么做,是因为他非常重视培养孩子整理的热情。

在和孩子沟通的过程中,家长们会发现,问孩子问题时,总是会听到出乎意料的答案。

孩子的思考方式和父母是不同的。"咱们把最常玩的玩具放到方便拿的地方,好吗?"父母可以通过这种方式,传达自己的想法,和孩子沟通后,最终把孩子常玩的玩具放到了中间易找易取的位置。

然后,把孩子已经没什么兴趣、不怎么玩的玩具,放到最里面的位置。

父母在整理孩子的东西时,通常只注意看起来是否整洁,相较之下,带着询问这样的整理方式,更注重孩子取放东西是否方便。

如何打造方便孩子收拾的环境

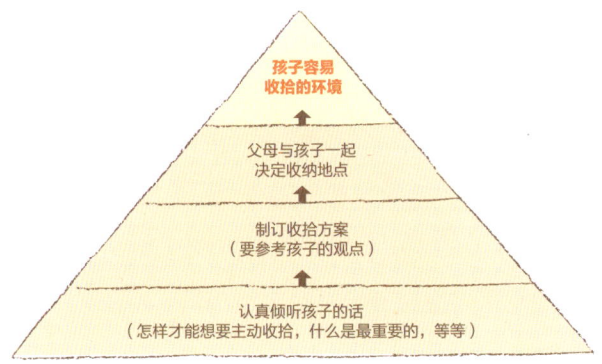

在养育孩子的过程中，烦琐的家务，再加上要照顾孩子的起居，父母每天都忙得团团转。因此也就没什么时间来倾听孩子的话。但是，从长远来看，听取孩子的意见之后再去整理收拾，才是最省力气的方法。

"最近最常玩的玩具是哪些呀？"

"你怎么看呢？"

"能告诉我你是怎么想的吗？"

想要了解孩子现在的兴趣和心情，就去问问孩子吧。

孩子想要留下什么，该扔什么，重视珍惜什么，问了孩子就明白了。说不定还能在询问的过程中发现孩子的另一面。

如果是年纪小的孩子，只要你问他问题，他一定会很高兴地回答你。但是，如果家里的孩子已经读小学高年级，你这样问他，十有八九他会觉得你很烦。所以如果家里的是年纪稍大的孩子，可以问"你常用什么""想把什么东西放在手边"这样引发孩子自己思考的话，要更尊重孩子的自主选择。

除此之外，让孩子参与整理还有另一个优点，也就是当孩子一个人的时候也能拿取自己需要的东西，不会因为不知道东西放在哪儿或够不着而引发困扰。

除了收拾整理，每次增加新的东西时，也可以问孩子："这个和哪个东西可以归为一类呀？"通过这样的问题，引导孩子，这样一来，他就会主动思考，把东西放到恰当的地方去了。

● 需要父母思考的问题

一定不要无视孩子的意见。当孩子说出自己的想法时,要用"原来如此啊""你想要××啊"这样的话表示自己在倾听。如果孩子说出自己的意见,家长却不容置疑地表示"我是这么认为的",或者反复和孩子说"我说的话你要好好听",这样的话,就会变成那种把自己的意见强加于人的父母。值得注意的是,要在有时间、有心情的时候去做整理,才能得到更好的结果。

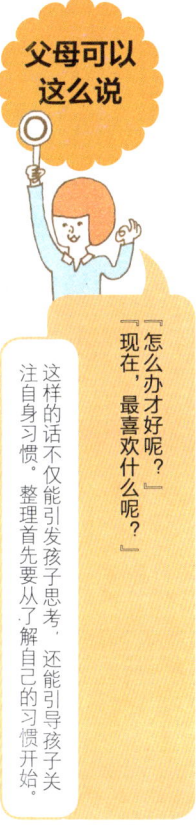

父母可以这么说

"怎么办才好呢?"
"现在,最喜欢什么呢?"

这样的话不仅能引发孩子思考,还能引导孩子关注自身习惯。整理首先要从了解自己的习惯开始。

指导 1

督促整理

如果家长征询了孩子的意见,但是没有得到满意答复,家长就要督促孩子完成。首先,要正面肯定孩子的行动和心情,让我们一起来学习一下父母应该怎么传达自己的看法吧。

妈妈:O,要不要收拾一下你的漫画书?

孩子:待会儿吧。

妈妈:待会儿是什么时候呢? ……… 用孩子的话反过来问孩子

孩子:……

父母:O,你是怎么想的呢? ………… 进一步确认孩子的想法

孩子:无所谓,怎样都行。

父母:你这么说,妈妈就没法了解你的心情了哦。 ……… 表达自己的想法

妈妈:回到家之后,先收拾漫画,你觉得怎么样?

孩子:……啊……

妈妈:如果环境干净整洁,心情会如何呢?

孩子:会觉得挺好的吧。

妈妈:是吧,收拾好;心情也会好。妈妈希望你们回到家的时候看到家里收拾得很干净、整齐,觉得心情舒畅。所以才想要家里保持整洁呀。 ……… 用和"原来如此""我也是这么想的"意思相近的话语肯定孩子,耐心向孩子解释为什么要他收拾

孩子:这样啊。

妈妈:那你能不能帮帮我呀? ……… 把孩子看作与自己平等的人,提出让孩子帮助自己

孩子:嗯,好的。

● 需要父母思考的问题

确定物品摆放的位置

不知道放在哪里怎么办

对于一直没收拾的东西,是不是因为总觉得没有地方放?虽然房子里有很多富裕的空间,但觉得放在哪儿都不妥。那么,怎样让东西变得易于收拾呢?

朋友 H 有一个烦恼,孩子的小书包总是没地方放。孩子从学校回来总是随手把小书包扔在玄关。H 明明和孩子说了好几次:"要拿到自己的房间里。"但还是没用,孩子从学校回来后还是随手扔在那儿,嘴里说着:"我回来了","我去玩啦!"人就没影儿了。

一个家的玄关是这个家的"脸面",朋友来访一眼就能看见,如果玄关乱七八糟的,就太难看了。所以,这么重要的位置一直是由父母来收拾的,因此孩子也养成了不管不顾的习惯……有一次,丈夫又在玄关看到孩子的小书包,于是督促孩子:"赶紧收拾一下。"由于不太高兴,还踢了一下孩子的书包,结果脚趾骨折了。

这是真实发生的事。但是，H 的孩子，为什么要把书包放在玄关呢？

如果我们看一下他家的布局，就会发现其中的问题了。孩子的房间在 2 楼，对于回到家马上就想玩的孩子来说，把书包拿到楼上去简直太麻烦啦，所以才会随手把书包扔在玄关，如果不做出调整，这个问题很难解决。

我们仔细思考一下，类似于书包这样的物品，如果在玄关设定一个专门放置它的地方，比如放到箱子里盖上盖子，其实问题就得到解决了。对收纳场所和收纳规则做出调整，不用费什么力气就能解决问题。

收纳整理建议

选择合适的收纳场所，是成功的关键。每天都会用到的东西，如果放到要踩着椅子才能勉强够到的高架子深处，肯定会造成不便。

给孩子准备一个临时放置脱下来的袜子、衬衣的工具！

需要父母思考的问题

在父母的引导下，找一个容易取、容易放的地方。

下面我们按顺序说明一下整理的步骤。

1. 把要整理的东西列出来

大脑中储存着无数繁杂的信息，拉清单是整理这些信息的窍门。大家在买东西的时候不是也会写购物清单吗？把杂七杂八的东西写在一张纸上，想要买什么就清楚明了了，也不会忘记该买的东西。

对于还不会写字的小孩子，就先让他把需要整理的东西都拿到眼前来分类吧。

需要整理的东西，可以分成以下四类。

◇经常使用的东西
◇偶尔使用的东西
◇不怎么用的东西（偶尔会用到的东西可以留下，不用的东西就丢掉）
◇珍惜重视的东西

2. 考量家里可以用于收纳的地方

如果不安排好指定的收纳地点，所有的东西都凌乱地摆着，这里也是那里也有，家里看起来一定乱糟糟的。

在指定收纳场所的时候，可以把位置指定在方便收取的地方、经常使用的地方或者离使用场所比较近的地方。这样一来，用的时候马上就能拿到,像是以前的照片,还没用过的笔记、铅笔这类不常用的东西,可以放到靠里的位置,这算是一种收纳常识。那些现在基本不怎么用的东西里,其中可能会有一些不再需要的东西。让我们一起来检查清理一下吧!

3. 考虑相关性

有关联的东西,经常会一起使用,这些东西要放在同一个地方。这样一来,要用的时候就能很轻松地拿到了。

比如,泳装是成套的,要放在一起。游戏机和游戏软件也应该放在一起,玩游戏的时候就不用翻箱倒柜了。

确定物品安放位置的时候,不要忘了这三点。

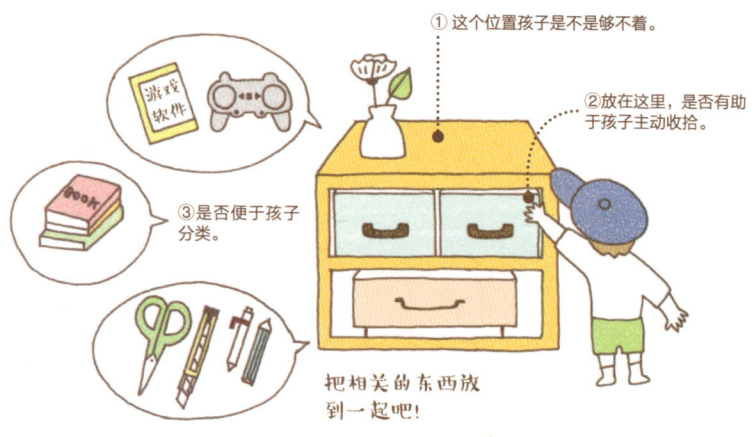

● 需要父母思考的问题

4.收纳空间是否够用

确定好安放的位置,还要考虑那个地方能放得下哪些东西。如果不清楚,可以实际考察,做出推测,也可以试着放一下。对于孩子来说,判断起来可能更加困难,这个时候就需要家长提出建议。试着放放看,对于培养孩子的空间感觉是很有帮助的,下次再收纳的时候,他就能试着判断了。整理成功的精髓就是,收纳地点放好东西后,看上去不拥挤,仍然有空间的富裕。

这一系列的活动,要在轻松愉悦的气氛里进行。父母作为整理顾问,要始终扮演协助孩子的角色。

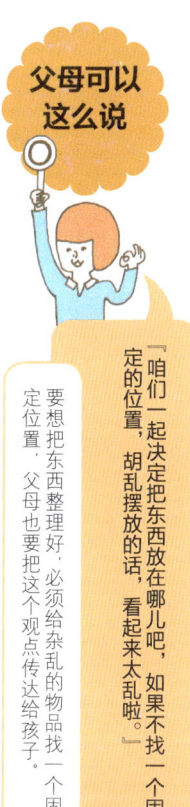

父母可以这么说

"咱们一起决定把东西放在哪儿吧,如果不找一个固定的位置,胡乱摆放的话,看起来太乱啦。"

要想把东西整理好,必须给杂乱的物品找一个固定位置,父母也要把这个观点传达给孩子。

指导 2 想想玩具应该放在哪儿

决定东西放哪儿的时候,要考虑孩子用着方便不方便。而且,光父母自己思考是不够的,要和孩子一起思考应该放在哪里。下文模拟了小学低年级孩子可能出现的情况,我们来参考一下吧。

妈妈:宝贝,现在有空吗? ▪ ┄┄┄┄┄┄┄┄┄ 提出这样的问题时,要注意时机和环境

孩子:妈妈,怎么啦?

妈妈:放玩具的那个箱子,用起来方便吗? ▪ ┄┄┄ 让孩子想一下,现在的收纳方式有没有问题

孩子:还好吧。

妈妈:那就是不方便喽?经常要到箱子里翻吧?

孩子:玩具全放到了一个箱子里,小的玩具经常不知道 ┄┄┄ 首先要认同孩子的话,然后再引导孩子思考
掉到哪里了,所以总得想里边都有些什么。

妈妈:啊,原来如此啊。那咱们想想应该怎么放玩具,好吗? ▪ ┄

孩子:嗯,好的。要是能一下子就找出想玩的玩具就好了。 ┄┄┄ 复述孩子的想法,表现出理解孩子的心情。然后再考虑方法

妈妈:很快就能找出来想玩的呀,那我们把玩具收纳到什么地方比较好呢? ▪ ┄

孩子:嗯,把经常玩的玩具放到一起吧?

妈妈:好主意呀,还有什么别的想法吗? ▪ ┄┄┄┄┄┄ 认同孩子观点,再督促孩子进一步思考

孩子:嗯,同类的玩具放到一起吧。乐器放到一起,玩偶放到一起。大小差不多的放到一起。 ▪ ┄┄ 孩子在妈妈的引导下想出了办法

妈妈:好厉害呀,居然能想出这么多方法。那我们采用哪种呢?

● 需要父母思考的问题

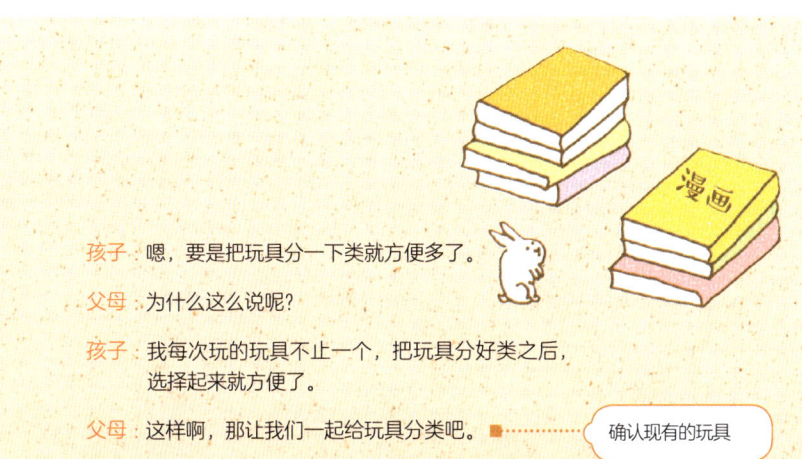

孩子：嗯，要是把玩具分一下类就方便多了。

父母：为什么这么说呢？

孩子：我每次玩的玩具不止一个，把玩具分好类之后，选择起来就方便了。

父母：这样啊，那让我们一起给玩具分类吧。 ……… 确认现有的玩具

孩子：好的。

父母：妈妈帮你一起整理，好不好？ ……… 提出帮助建议

孩子：那咱们一块儿想想吧。

父母：好呀，什么时候开始整理呢？ ……… 确定时间，督促行动

孩子：嗯，我想现在就做，可以吗，妈妈？

父母：好呀，那我们现在就一起分类吧！

如何不费力地把东西放回原处

做到一目了然

如果一看就知道东西放在哪儿，那收拾的时候自然也不用费太大力气。所以，可以考虑把它们放到看得见的地方，如此一来，找东西的时候也方便。

建议在收纳的地方贴上图标或照片。这样的话，谁都能一看就明白里边放的应该是什么，收拾的时候也不会为不知道东西该放在哪儿而困惑。

A君，在存放超人漫画的抽屉上贴了超人的标签。3岁的H也能准确地把超人漫画放到贴着超人的抽屉里。

我在玄关处的鞋盒上贴了鞋的图标，这样一来，不用打开盒子也知道盒子里放的是哪双。找鞋子的时候非常方便。

另外，通过颜色进行分类也是一种很不错的选择。

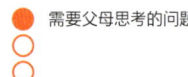
需要父母思考的问题

在新学期开学之前，美国小学的老师会告诉孩子应该买多种颜色的文件夹，不同的学科可以用不同的颜色表示。低年级的孩子，只要看颜色就知道这个袋子装的是哪一门课的东西，教材就不容易弄混了。

朋友 F 把家里要洗的衣服分成两种，分别放到灰色筐和黑色筐里。灰色筐里装的是那些相对不那么脏的衣服，黑色筐里则是踢足球弄脏的袜子之类的比较脏的衣服，家里所有人要洗的衣服都这样分类。

如果已经在指定的地方贴好标签，收拾的时候就能轻轻松松把东西放回原处。

 该放在哪里一目了然，孩子就能很轻松地把东西放回去。

这里贴上标签。

根据东西的形状决定放置的地方，布类的东西也能收拾起来。哪里有什么，马上就能知道，很快就能取出来。

在放包的地方、放玩具的地方，贴上对应的标签，一目了然。

各家的状况各不相同，年龄或大或小的孩子们或多或少有些坏习惯，有时候真的很难把家里收拾整齐。

I家，孩子会叠衣服，虽说也算整理了，却存在很多问题。

叠完之后，说着"整理好了"，然后把衣服胡乱地塞进柜子里。虽说I把柜子的分层进行了分类，"这一层放衬衫，这一层放裤子和裙子"并且把分类方法教给了孩子，结果柜子里的衣服还是乱七八糟，堆得像摇摇欲坠的小山。

由于找不到要穿的衣服，眼看要迟到了，孩子只能喊妈妈帮忙："妈妈，我的衬衫不见了。"

因此，衣服收拾好后，就在I能看得见的地方，贴上了衣服图片的标签。孩子一看就知道哪里是哪里，基本不用找就能把想要的衣服拿出来。

如果现在的收纳方法能够很好地维持整洁的状态，那这就是合适的整理方法。不然，就要考虑一下，是不是有更合适的收拾方法。

按照孩子的性格，区分不同的状况，像I这样做出调整，这才是正确的教育方法。

整理好帮手——箱子

在收纳整理的时候，最常用的就是箱子。面对各种各样的东西，要准备几个箱子才够用呢？以下几条建议可供大家参考。

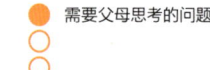
需要父母思考的问题

1. 半透明的箱子

如果把玩具放到半透明的箱子里，就能看到里边有什么。不用打开查看，找东西的时候非常方便。但需要注意的是，使用这类箱子的时候，不能进行太细致的分类，而且放进去的物品大小不能相差太多。如果分类太细，把物品放回去的时候就会觉得费时费力。对于不是很细心的人来说，把东西放回原处就变成了一件麻烦事。

如果把东西放到大箱子里，首先要确认孩子能不能够得着这个箱子，如果孩子拿箱子里的东西时觉得费力，这样的收纳方法就不是好方法。另外，值得注意的是，体积大的箱子比较适合放玩偶和球类这些不容易损坏的东西。

给不舍得丢掉的旧东西和珍视的物品准备一个"回忆箱"，把它们收集起来。整理物品时，也可以按照所有者进行分类。给箱子贴上标签，就不会忘记里边到底装了什么。

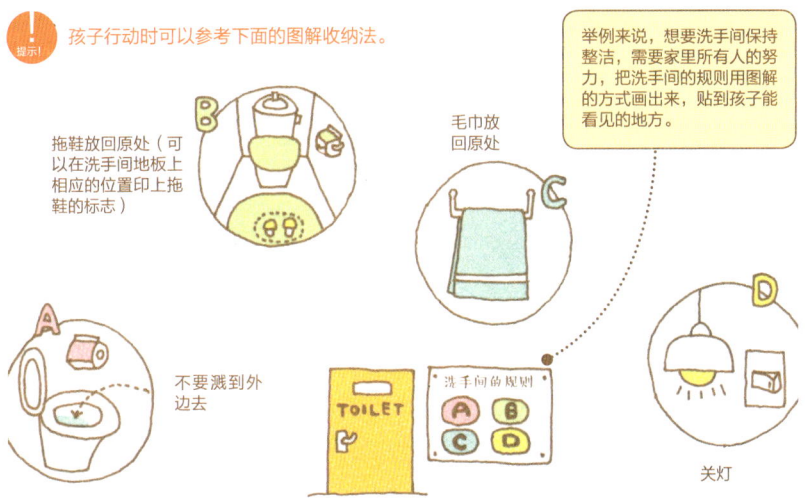

提示! 孩子行动时可以参考下面的图解收纳法。

举例来说，想要洗手间保持整洁，需要家里所有人的努力，把洗手间的规则用图解的方式画出来，贴到孩子能看见的地方。

拖鞋放回原处（可以在洗手间地板上相应的位置印上拖鞋的标志）

毛巾放回原处

不要溅到外边去

关灯

2. 能拿动、可以移动的箱子

小玩具和常用的东西可以使用这样的箱子。

3. 可以扣起来的塑料文具袋

不能弄丢的小东西和画的画，折的纸，放到可以扣起来的塑料文具袋里，这样就能收拾整齐了。这种文具袋有各式各样的尺寸，可以分别准备两三种。

4. 藤条箱

可以放在孩子的房间，也可以放在客厅，有客人到访来不及收拾房间的时候，可以把乱七八糟的东西临时放进去。

> 提示！ 把玩具放到半透明的箱子里，更方便取放！

● 需要父母思考的问题

有了这样的箱子，不知不觉间，孩子就能快速收拾好自己的东西。客人来了也会觉得家里很整洁。这就是家庭收纳整理的"障眼法"。如果使用的筐是那种有装饰设计的藤筐，就算放在客厅里，也不会显得难看。

准备一个专用箱，指定一个放置点，教会孩子整理方法。如果孩子能按部就班地把东西都放进合适的箱子，那么家里就比较容易保持整洁。比如，把很多零碎的小东西收拾到一个箱子里，只要移动箱子，就能把里边的东西一起移动到合适的地方。

很多电视媒体都做过和整理相关的节目，在整理细碎的物品时，就连他们也对箱子和筐这样的"整理助手"青睐有加。

父母千万
不要
这么说

"拿出来后乱丢可能会不见哦！"
"不好好收拾，东西会被扔掉哦！"

与其说这样的话来威胁孩子，不如和孩子一起，快乐地把东西收拾好。

保持一定的空间

培养空间感

在整理书架的时候,一定不要忘了"保持一定的余裕空间"。但是,培养孩子的空间感并不容易。

"漫画书可以买,但如果书架都放不下,那就不能买了。"这样和孩子说,孩子未必能够理解"书架能放得下"到底是什么概念。

所谓的空间感,其实真的很难把握,这可能是收纳整理过程中最让人头疼的事了。

我曾经听一位小学老师说,有一次,一个孩子装了很多水要去煮鸡蛋。他装的水太多了,以至于让人好奇,他到底要煮多少个鸡蛋啊!结果就只煮2个鸡蛋而已。

老师说,虽然平时曾经教过他们,煮2个鸡蛋到底需要放多少水,需要用多大的锅,但是孩子们还是很难把握。所以,才会出现用很多水煮2个蛋的事。

因此,必须通过亲身体验,培养空间意识。

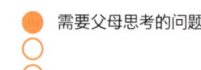
需要父母思考的问题

空间感可以通过日常生活中的点滴逐步建立起来。所以，要多让孩子体验。让孩子帮忙做家务，告诉他们自己的事情要自己做，在做这些事的过程中就包含了培养空间感的训练。平常收纳整理的时候帮孩子建立空间意识，买东西的时候，可以问孩子"这个能放进去吗？"借此引导孩子培养空间感。如果在收纳整理时，能很好地把握空间感，将来肯定能在其他方面派上用场。那么，让我们为了给孩子打下这样的良好基础，现在就开始耐心地教孩子该怎么做吧。

父母可以这么说

"这个要放到哪里呢？"
"我们要准备多大的袋子呀？"

在日常生活中，有意识地对孩子提出这样的问题，孩子就能慢慢建立起空间意识。

训练

7

包内探秘

提高空间意识

可以通过让孩子为旅行做准备,来培养孩子的空间感:要用多少东西,要把这些东西放到多大的包里。父母可以帮助孩子一起准备修学旅行的物品,可以说是一石三鸟。

要准备的东西

- 大、中、小号的包
- 要带的东西

步骤

① 在房间找一个专门的地方,整理旅行用品。
② 由父母来检查,要带的东西有无遗漏。
③ 让孩子来选择,用什么包来放要带去的东西。这个时候,父母要保持沉默,不要建议孩子怎么做。
④ 按照孩子的意思把东西放到包内,放进去后,如果发现包选小了或者选大了,可以让孩子重新选一次该用什么型号的包装这些物品。

父母可以通过提问来辅助孩子做出判断

"这些东西能全部放到包里吗?"
"选多大的包合适呢?"
"哪个包能刚好放下所有东西呀?"

● 需要父母思考的问题

处理掉不需要的东西

辨别哪些东西需要处理掉

很多时候,该扔的东西没有扔,就是无法顺利完成收纳整理的其中一个原因。曾经非常喜欢穿的衣服,总觉得什么时候能再派上用场,其实之后不会再有穿这件衣服的场合。别人觉得早该扔的东西,在当事人的眼中可能是珍贵的宝物。

总觉得之后会派上用场的新闻剪报,或者是信件之类的物品,处理的时候谁都会觉得烦恼,到底该拿它们怎么办好呢。大人都觉得很难抉择,对于孩子来说,困难程度可想而知。

打开孩子的抽屉,发现里边居然有昆虫,父母可能会不由自主地大叫起来。对孩子来说,昆虫是他的宝物,所以才放进抽屉,对父母来说却觉得难以接受。

孩子们会不断添置新玩具,如果不要的东西还留在架子上占着地方,就是在浪费空间。所以,现在大家要思考一下,到底哪些东西要留下,哪些东西是不需要的。

小时候玩的玩具、已经坏掉的东西和用旧的东西，以及之前学校发放的学习资料、无法放到书架上的漫画、老旧的教科书、试卷、不玩的游戏机……处理这些东西的难点就是：你根本没意识到，这些东西其实该扔了。

这个时候，可以问问孩子，这种情况该怎么办。

比如杂志，可以根据杂志的出版时间进行分类，做出取舍。老旧的教科书，可以保留主要的科目。无法收纳的玩具就把它扔掉。让孩子掌握这些整理收纳的基本方法，是非常重要的。

可以把包含美好回忆的物品，收藏到专门的"回忆箱"里。

因为每年都会添置新的东西，所以每年都要进行一次整理。但是，需要注意的是：如果孩子在扔东西的时候毫无概念地随便丢弃，可能会带来负面效果，让孩子变得越来越不爱惜东西。

扔东西时，如何和旧物告别

如果把厌倦的东西和曾经喜爱但是旧了的东西简单归为"不要的东西"，想到它们要变成垃圾了，心里恐怕会不舒服。实际上，这是学习如何与这些东西相处的大好时机。

在孩子不知道的情况下，把那些东西直接处理掉，可能更容易些。但是，扔东西时的心情，其实是非常重要的。有了之前和自己拥有的东西分别的经验，下次买入新东西的时候，就会认真思考这个东西的必要性。父母可以告诉孩子，在处理不需要的东西时，不是简单地把不用的东西当成垃圾扔掉，可以卖到跳蚤市场……或者寄给回收再利用的公益团体和志愿者团体，继续发挥那些东西的价值。

父母和孩子可以一起想想，该拿那些包含美好回忆的东西和纪念照片怎么办。在不得不处理不再需要的物品时，要教导孩子记得心怀感激：到现在为止，谢谢你的帮助和支持。

父母可以通过整理这些东西的过程，教会孩子懂得珍惜。

父母千万不要这么说

「这不就是垃圾嘛。」
「扔了吧，别留着了。」

如果父母指示孩子做这做那，孩子就会在自己与父母之间竖起高墙，拒绝沟通。所以父母在考虑问题的时候，不要只顾自己的标准，要从孩子的角度考虑问题。

指导 3 处理掉不需要的东西

如果孩子从不扔东西，什么都留下来，处理起来肯定非常困难。在这种情况下，要引导孩子转变视角和思维，如果能让孩子意识到"这样下去可不行"，那么就离成功不远了。

妈妈：（指着架子上的一个箱子）怎么箱子里都是石头呀。怎么收集了这么多石头啊。大家都在收集石头吗？

> 首先，父母要肯定、认可孩子的行为，然后换个视角提出问题

孩子：当然了，收集这个很难呢。

妈妈：收集这个很难呀。这些石头，会经常拿出来看吗？

> 父母通过重复孩子的话来加强共鸣，同时确认自己想要了解的事实

孩子：不看。

妈妈：这样啊，不看啊。（指向另一个箱子）这里边放的都是折纸啊。有好多折纸啊，这些都会拿出来看吗？

> 冷静地确认事实

孩子：但是这些折纸很珍贵，都是很有意义的。

妈妈：很有意义呀，对××来说是很珍贵的呀。那如果一直留着，折纸越来越多，可怎么办呢？

> 通过询问"一直增加怎么办呢"，让孩子想象未来可能出现的问题，能帮孩子意识到，这可能确实是一个问题

孩子：……

妈妈：我们只收集这么多，可以吗？

孩子：太多的话，屋子可能会变得很挤吧。

> 用言语督促孩子来解决问题

妈妈：这样啊，好困扰啊。那怎么办好呢？

孩子：扔一点好了……但是不知道该扔什么。

妈妈：那么，我们只保留能放到这个箱子里的怎么样，想留下哪些呢？

> 提出类似于要扔什么的现实问题，"这个要用吗？""有必要留下吗？""没有坏吗？"这类的问题能起到很好的效果。

孩子：这个这个。

● 需要父母思考的问题

训练

8

跳蚤市场初体验

教导孩子要爱惜东西

对于那些完好干净还能派上大用场的东西,我们可以怀着对它们的爱惜之情,把它们带到跳蚤市场去。

去跳蚤市场的重点

* 和孩子共同决定要在跳蚤市场上出售的东西。
* 把要出售的物品,认真地清理干净。
* 和孩子共同商讨待售物品的定价。

如何与家人携手打造更舒适的生活环境

公共空间与私人空间

我们经常会在有小孩儿的家庭，看到这样的情形：孩子从学校回来后，不回自己的房间，而是在客厅写作业。复印资料、铅笔，摆的到处都是。公共的客厅大部分都被孩子占用了。

家里不整洁不是因为没有及时收拾，是因为家里有孩子。对于有孩子的家庭来说，想保持整洁简直是妄想。所以，现在就告诉孩子：大家一起用的地方要保持整齐！

客厅、玄关、洗手间、浴室都属于公共空间。

公共空间是指家里人都会使用的空间。家里也有可以保护个人隐私的私人空间。在家庭生活中，要让孩子学会照顾所有人的感受，让大家都生活得方便、舒畅。

欧美国家从孩子幼儿时期就很注重隐私这个概念，但是对于日本人来说，意识到这个概念的时间并不算久。与之相对应的是，公共这

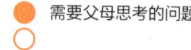
需要父母思考的问题

个概念,日本自古就有,甚至出现得比欧洲还早。日本的房屋构造,常常用推拉门将公共区域和私人区域隔开,公共浴室和小巷则可以与他人共享,人们很自然地就能意识到哪里属于公共场所。

过去的日本人非常善于和他人在公共场所共处。其中的秘诀就是,在公共场所不给别人添麻烦。正是因为大家都"心中有他人",一家人才能舒适自在地在一起生活。不考虑对方的心情,强行让对方收拾整理,对方当时可能很痛快地就照做了,但是绝不会因此养成主动整理的习惯。让孩子把客厅变整洁,和孩子自己想把客厅变整洁,这两件事之间存在很大差别。要从前者转变为后者,首先要培养孩子的同理心,做到"心中有他人"。如果做不到这一点,就算在命令之下收拾了房间,也无法保持整洁。

"客厅是大家都要使用的空间,咱们一起让它变得整洁起来。心情会变好哦。"

"玄关也是,让客人一进门就看到整洁的玄关,是不是很棒?"

"洗手间和浴室,也是大家一起使用的地方哦。"

父母可以通过语言向孩子传递"心中有他人"的观念,这样才能让大家生活得舒适。收纳和整理家里的环境,就是用实际行动传递这种心情。

清扫自己的房间

孩子自己的房间,应该交给孩子自己来整理。

孩子自己的房间,是孩子隐私的一部分,让孩子把自己的房间看作"自己的领地",给孩子自由的空间,非常有助于培养孩子的独立精神。

但是,将整理房间这件事教给孩子自己做之前,要先创造一个容易整理的环境。首先,父母要和孩子一起行动,在这个过程中教给孩子正确的清扫和整理方法,然后才能让孩子自己去独立完成。掌握了方法之后,整理起来就不会觉得费时费力了。

如果孩子没有整理自己的房间,父母要用语言督促孩子:"房间里的东西都放回原位了吗?""是不是忘了收拾房间呀。"

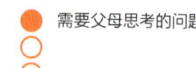

需要父母思考的问题

在整理的过程中，父母要鼓励和帮助孩子，不要批评孩子。遇到问题时，要态度和善地与孩子一起探讨"不能顺利整理完的原因"。

父母可以这么说

"公用的房间，大家要一起保持整洁哦。"

教导孩子为维持公共区域的整洁贡献自己的力量。用语言调动孩子的积极性，孩子就不会产生『又不是我的房间，我才不要做』的想法。

掌握整理文件的方法

管理自己的文件资料

如果不对工作中用到的资料加以整理，恐怕会被成堆的资料埋起来。自从我开始使用文件夹整理资料，切实地体会到了文件夹的好处。

整理文件时，可以把各种文件资料按照一定的规则进行分类，然后加以整理、保管。如果只是把杂乱无章的文件资料简单地堆积起来，放在一起，根本起不到整理的效果。整理好之后，在文件夹的背面贴上标签，写明里面装了什么，日后想要查阅的时候就不会那么麻烦了。

使用上面介绍文件的整理方法，能起到以下效果：
① 减少找寻资料的时间；
② 提高工作效率；
③ 别人也能清楚地知道不同的文件里装了什么；
④ 心情会变得舒畅；

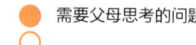
需要父母思考的问题

⑤工作环境会变得更整洁,自己也能拥有更舒适的空间。

采用文件整理法,在需要取出指定的资料时,只要看书架上排列整齐的文件夹背面的标签就能马上找到。所以,我真心觉得应该尽快开始这样做。

美国的孩子,在生活中常常会用到文件夹。因为教科书和图鉴太重了,所以孩子们基本不怎么把教科书拿回家。老师每天把学习资料发给大家,孩子回到家的第一件事,就是把老师发的学习资料放到文件夹里。

如果想要使用文件夹进行整理,首先孩子要从不同科目的老师那里认真听取相关的要求，回到家之后，父母要教孩子学会整理方法，学校和家庭双管齐下，就能让孩子逐渐养成使用文件夹的习惯。

大人在工作生活中，能切实地感受到使用文件夹的好处，所以如果孩子在儿童时期就掌握了使用文件夹的方法，对日后的工作生活也很有帮助。文件夹整理法是学习、工作和生活中不可欠缺的技能。作为整理的重要环节，一定要学会哟。

如何让孩子做出选择

S家的孩子，经常把学校发的资料随手扔到一边。结果要用的时候常常找不到。因此，"又没有交给妈妈。""不知道。""明天要带的东西，参考资料上不是写着吗？"经常能在S家听到这样的话。而且，虽然在冰箱门上做了标注，也放置了存放东西用的收纳箱，却无法按照家长的预期顺利进行。贴在冰箱门上的标签，在开门关门的时候很容易掉落，箱子里的资料也因为只是简单地码放在一起，最后就会变得乱七八糟。

为了避免这种情况，让孩子开始使用文件夹吧。

让孩子去文具店，挑自己喜欢的颜色和样式。然后和孩子沟通，决定这些文件应该收纳在什么地方。将写有"篮球""学校""钢琴"字样的标签贴到文件夹的背面就可以了。

父母和孩子一起，把相关的东西放到袋子里。操作起来其实很简单，

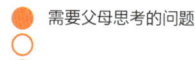

孩子也能很快上手。孩子回家后,父母要监督孩子逐渐养成使用文件夹的习惯。比如,经常问孩子:"资料放到文件夹里了吗?"养成了使用文件夹的好习惯后,当家人或朋友问"明天是不是要上篮球课呀?"的时候,孩子马上就能把相应的文件夹拿出来。

次次都能带齐资料的孩子也会得到朋友的信赖,在被信赖的过程中,孩子的自信心也会与日俱增。

父母可以这么说

"拿到的学习资料,赶紧放进文件夹哦。"

家长适时的提醒,可以督促孩子养成使用文件夹的习惯。孩子习惯使用文件夹后,他的头脑会变得更加清晰,房间也会因此变得干净整洁。

训练

9

归档

整理各类文件资料

文件整理法对孩子和大人都很有帮助，家长也和孩子一起学习吧。

要准备的工具

- 文件夹
- 打孔器
- 标签
- 能让文件夹立起来的书挡

步骤

① 父母和孩子一起购买文件夹以及所需的相关用品。
② 在文件夹背面贴上想用的标签。可以手写，也可以用印章印上去，具体采用什么方法由孩子决定。
③ 父母用打孔器在需要整理的资料上打好孔，如此一来便能轻松归档。
④ 父母和孩子一起整理，在孩子充分了解整理方法之后，让孩子独立完成。
⑤ 将文件夹、打孔器之类的工具放在一个固定的地方。
⑥ 收到资料后马上实践，家长要督促孩子养成习惯。

要点

* 相关用品要和孩子一起购买，让孩子自己选择喜欢的颜色和样式，借此提高孩子使用文件夹的热情。
* 装有资料的文件夹，不能摞在一起，必须把文件夹立起来放置。
* 工具要放在方便拿取的地方，如果把工具拿出来的时候太麻烦，就会产生"待会儿再说吧"的想法，阻碍整理工作顺利进行。
* 资料的所有者要定期检查，已经没用的文件或单据要及时丢弃。为了能够迅速找出需要的资料，每年要检查清理一次。

● 需要父母思考的问题

4

行动起来吧！

培养整理的习惯

从小开始培养,就能养成整理的习惯

整理其实非常简单,就是把东西放到该放的地方。如果和孩子约定好"用完的东西要放回原处",小孩子也能掌握这项实用的技能。

"在这首歌结束之前,把玩具放回箱子里吧。"

"咱们一起按顺序把桌子上的东西搬走,好开心啊。"

整理完全可以变成一种游戏,在愉快的氛围中完成。父母也可以一边收拾一边教孩子整理方法。通过这种快乐的体验,就能帮助孩子养成整理的习惯。

达到目的前要反复练习

家长都希望孩子从小养成整理的习惯,这话说起来简单,做起来其实并不容易。

家长们一定会不约而同地表示,真的是这样!孩子们不可能按照

行动起来吧!

书本中描述的那样成长。每个孩子都有着自己的个性。孩子的成长曲线就像高低起伏的山谷，不可能在一条直线上按部就班地前进。

如果孩子有所表现却得不到表扬，就会灰心丧气。如果父母对孩子的表现感到失望，孩子也会感受到这种情绪，这种情绪就会对孩子的成长造成障碍。无论如何，请不要在没看到满意成果的时候放弃，孩子的反复甚至倒退都是很正常的。为了孩子的成长和他今后的发展，请相信孩子最终一定能做到，做家长的保有这份乐观的期待非常重要。在一段时间内，孩子的能力有可能停滞不前甚至出现倒退，父母一定要认识到这一点，坚持下去。

父母可以这么说

"啊，不错啊。"

孩子在一点一点的积累中慢慢成长，如果父母能把每一次的小进步看在眼里，孩子就会因此觉得幸福。

让孩子了解"自己的责任"

自己的事情自己做

据美国老师说,在孩子三四岁的时候,家长和老师就会教育孩子"自己的东西自己收拾""你自己的事情要自己做",让孩子了解"自己的责任"。就算孩子上学忘带书本,老师也不会让孩子的妈妈送过来。这个时候,老师会说:"不能这样哦,是你自己忘带了。不能让妈妈帮你送过来。"用这样的话传达"这是你的责任"的观点。如果只是简单粗暴地训斥孩子:"自己的东西要自己收拾。"孩子反而会觉得这件事应该由父母来做,无法认同这是自己的事,当然也不愿意肩负起责任。养成"自己的事情要自己做"这个习惯,并不是要等到孩子上了小学后再教他,而是要从小就向他传递这个观念。

父母可以充当教练的角色

为孩子打造易于收拾的环境,耐心教孩子学会整理方法,让孩子

行动起来吧!

去亲身实践，自己动手整理，步骤是正确的，但并不是每次都能行得通。

"在看电视呢！""要睡觉了！""好麻烦！"孩子常会这样应对父母的要求。想切实履行之前做出的决定，要有足够的耐心，还要付出不懈的努力。因此，父母正确的教导和训练非常重要。

我们来看看美国小学是怎么做的。

在美国，教师和父母之间会通过联络簿沟通。孩子每天把联络簿带回家，孩子今天都做了什么，有什么作业，要为明天做哪些准备，要由父母帮忙一一确认。低年级的孩子要和家长一起准备。孩子把该做的事都做完之后，家长要签字确认。每天都是如此。如果孩子经常忘带东西，父母、孩子、老师三个人就会一起讨论："为什么会发生这样的事？""怎么了？""从现在开始能做些什么呢？"借助这些问题一起思考解决方案。

养成主动整理的习惯之前

	❶ 打造环境	❷ 学习整理方法	❸ 整理实践	❹ 孩子的感受	
孩子要做的事	考虑怎样整理比较方便 想清楚都有哪些需要整理的东西	制订适合自己的分类方法 和父母一起收拾	自己收拾	感受在整洁环境中的好心情	养成习惯
父母要做的事	和孩子一起决定收纳的位置 为了便于孩子收纳取放，做好准备工作	帮助孩子分类 教孩子学会整理方法	看着孩子整理 在孩子遇到困难时鼓励孩子	表扬孩子，让孩子受到鼓舞	

父母千万不要这么说

"所以说,我不是早就告诉过你了吗?"

父母不要指责孩子。说话的时候要注意孩子的情绪,耐心地指导,不要指责孩子,否则会让孩子情绪受挫。

如果学校和家长能够密切配合,就能督促孩子的自主行动。家长在照看孩子生活起居的同时,还要耐心地引导孩子。

孩子上小学之后,父母就不用去接送了。与幼儿园时期不同的是,这个阶段的孩子不再需要父母提供全面的照料。父母逐渐感受到孩子的独立,内心多少会有些失落吧。

但是,家长们千万不要忘了,对于这个阶段的孩子来说,父母"放手"越多,孩子就有越多的成长空间,从而学会独立。如果父母什么都帮忙,对孩子过度保护,等到孩子以后长大,父母想撒手不管时,孩子反而变成了离开父母就不会生活的人。

● 行动起来吧!

训练

10

诵读联络簿
做到不丢三落四

在孩子读小学低年级的时候可以开始这么做。用言语引导孩子,培养他的自主性。最后,父母要在联络簿上签字,这一点也很重要。父母和孩子一起每天坚持,孩子就能逐渐养成自己检查的好习惯。

步 骤

① 让孩子拿出学校-家长联络簿,父母和孩子一起诵读需要孩子做的内容。
② 在孩子有时间的时候,让孩子整理好教科书,第二天早上父母要一一确认。
③ 父母要检查孩子的完成情况,如果孩子完成得好,要给孩子贴小红花,以示奖励。

孩子能独立完成前，父母要从旁照看

成为整理小达人的作战"三步曲"

JAM网站上介绍了"成为整理小达人的作战'三步曲'"。通过这套办法，能让孩子在短时间内成为整理小达人。

- 基础阶段(1～3天)由父母来做，让孩子在旁边学习整理的方法。
- 进阶阶段（1周）父母一边示范，一边教孩子整理方法。孩子在学习的同时尝试自己做。
- 飞跃阶段（2周）由孩子自己整理，父母在旁边看着孩子整理。

其中涉及的内容包括：整理学校发的资料，吃完东西后收拾，日常生活中整理时需要准备的东西。训练要有条不紊一步一步地进行，时间至少持续3周。父母不要只追求孩子能不能做到这个简单的结果，要关注孩子在训练过程中的表现。观察孩子在这个过程中的表现，借此找到适合孩子的训练节奏，这一点也很重要。

如果孩子自己做的时候不太理想，就要返回到上一个阶段再来一遍。

行动起来吧！

配合孩子的成长进程

每个孩子都有自己的个性,因此孩子的成长曲线也各不相同。这本是个不存在任何异议的事实,却经常被家长忽略,父母总是忘记应该尝试着了解孩子的个性。现代家长获取信息的渠道非常多,总是拿自己的孩子和别人的孩子或同龄孩子的平均水平做比较。

很多父母经常这样想,"已经三年级了,这些事还做不好"。他们不去试着了解孩子的想法,妄自觉得"都三年级了,应该明事理,应该能做到啊",认为自己的孩子到了"该做到"的年龄,就突然撒手不管。作为这种家长的孩子,真是太可怜了。

家长不应该成为孩子的统治者,不应该只想着孩子能做到什么程度,应该考虑在孩子当下的成长阶段应该怎样和孩子对话沟通。

根据孩子的成长曲线选取适当的教育方法

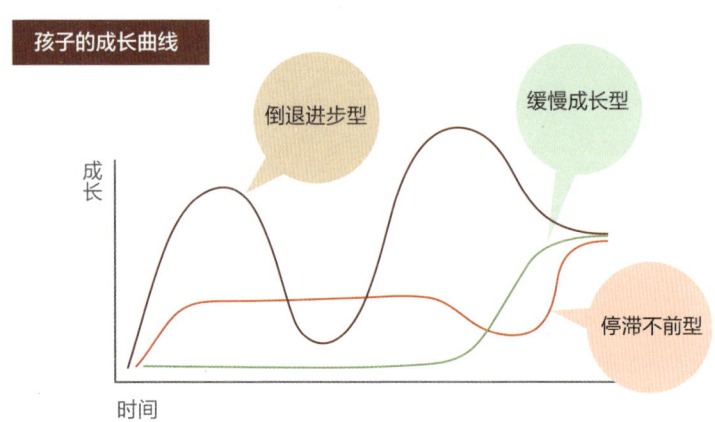

根据孩子的成长曲线，按照下面的步骤执行

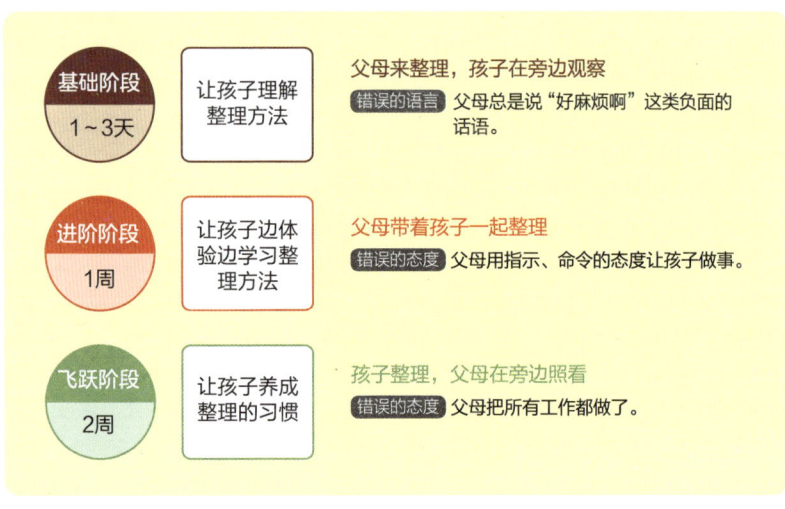

★ 练习的时候，要配合孩子的进度。
★ 如果在某一阶段孩子不知道该怎么做，父母要带着孩子返回上一阶段再做一次。

行动起来吧！

如果孩子无法完成这个阶段的任务，带孩子返回上一个阶段，把这个阶段困扰孩子的部分再教一遍，来帮助孩子。父母要用正面积极的态度鼓励孩子，同时尽力帮助孩子，这一点很重要。

父母要花时间关注孩子

在整理小达人作战"三步曲"中，飞跃阶段要求"父母在旁边照看"。在这个阶段，父母应该多花些时间好好关注孩子。同时，尽可能不要直接告诉孩子做什么，在一边静静地看着就好。在前两个阶段，孩子需要父母的帮助，而在第三阶段父母要尽可能地抽离。

很多时候，由于父母省略了一些阶段，没有给孩子足够的关注，在孩子养成习惯之前就放手了，最终导致孩子没能养成整理的习惯。

父母千万不要这么说

"都已经×年级了，怎么还不会做呢？"

父母千万不要说"已经×年级了"这样的话。他是一个独立的个体，有自己的个性。如果孩子学得慢，家长要理解这是孩子的个性，尊重孩子的个性，关注孩子取得了哪些进步。

在美国，家里由父母负责照看孩子做事，在学校则由老师负责照看，默默地看着孩子做，不要插手，渐渐地孩子就能脱离大人的监管，自己完成了。

在孩子不断学习实践，最终能独立完成的过程中，很多人没有意识到，等待是非常重要的。很少有人认为"等待"能起什么作用。孩子就读的小学举办万圣节游行，朋友S去帮忙，她看到儿子穿不上自己的衣服，S心想：游行就要开始了，如果再穿不上，那可就糟糕了。所以马上想去帮这个孩子，学校的老师却拦住了她："不可以去帮忙，这不是你的分内之事。如果迟到了，这也是他的责任，你在旁边看着就好。"

在孩子学习自立的过程中，如果提供了过度的帮助，就会妨碍孩子学会自立。要想让孩子学会自立，既需要父母有耐心，也需要父母耐得住性子。父母在一定的距离之外静静地看着就好。如果孩子在自己做的过程中遇到了困难，父母可以去帮助孩子，通过积极的话语鼓励孩子，但是绝不能去插手。

行动起来吧！

遭遇困难怎么办

检查修正

如果事情无法顺利推进,就要采取一定的措施,改变停滞不前的现状。但是具体措施要根据具体情况而定。

真正开始教孩子整理的时候,家长会发现,孩子总是不去执行,或者没办法顺利推进。每当遇到这种情况,父母可能会不由自主地产生这样的想法,"啊,真是的,怎么又这样?"

但是,你有没有想过,作为家长,你是不是说过不该说的话,打击了孩子的积极性,甚至让孩子产生了挫败感呢,比如:"不是和你说过好多次了吗?"

遇到这种情况,与其指责孩子,不如冷静下来认真分析应该怎么做。父母不应该去训斥孩子,应该语重心长地告诉孩子该怎么做。

"啊,游戏机又乱放啦!赶紧收拾一下哦!"

"啊,没有收拾鞋子呀!赶快收拾一下吧!"

"刚刚去洗手间,水龙头有没有关好呀?"

有很多事,小孩子都想不到。父母的言谈话语对孩子的习惯养成,影响非常大。

冷静地做出分析、耐心地观察,等着他自己去做,等待他逐渐成长。在孩子不采取行动时,去鼓励他、督促他,让他去整理。父母要切记,你出自好心的帮忙,未必会带来好结果。

强调时间点

对于孩子来说,很难做到"一整天都不出错"。因此,可以给孩子指定一个能够随便玩的场所,然后做出"晚餐前要收拾好"这类强调了时间点的规定,让孩子能够有张有弛地学习、成长。

"已经快晚饭了,赶紧收拾一下吧!"

"马上要睡觉了,赶紧收拾一下吧!"

善加利用这些时间点,孩子就能相对容易地接受收拾整理这件事。

● 行动起来吧!

哪些话该说，哪些话不该说

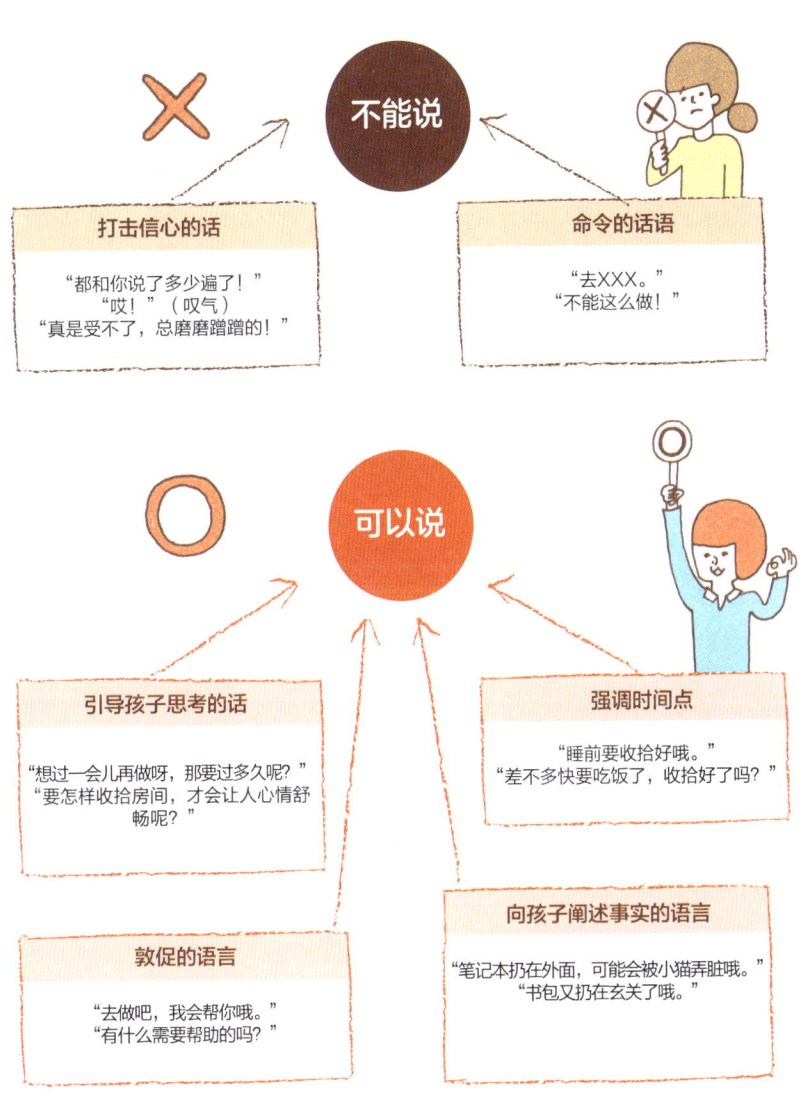

如果进展不顺利，可以采取以下策略

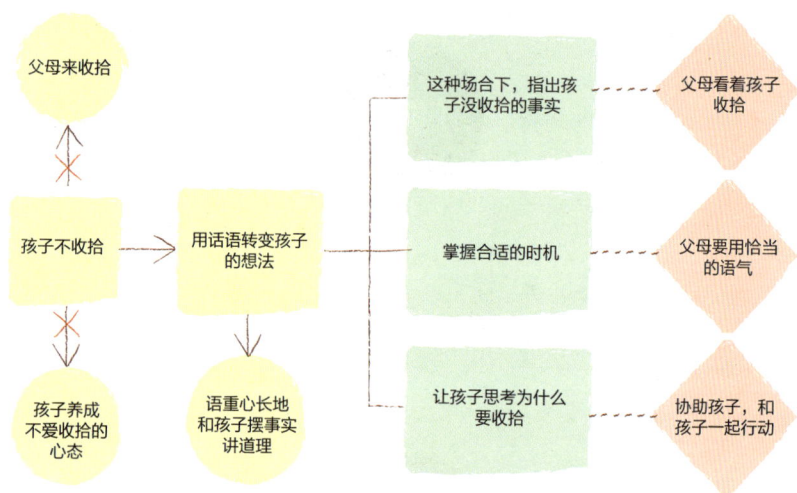

在客人到访之前，把玄关收拾干净。使用完浴室，把洗脸盆放回去。如果孩子没有主动去做，父母要适时地引导孩子。如果孩子说："待会儿做。"父母要记得反问孩子："待会儿是什么时候呢？"确认孩子什么时候开始行动。

引导孩子思考

与其命令孩子"去做××"，不如问孩子："如果你这样做，会有什么样的感受？"用这类的话语引导孩子去主动思考。

"如果把房间收拾整洁，你觉得会怎么样呢？"

"怎么做才能让心情变好呢？"

行动起来吧！

父母可以用这些话引发孩子思考。如果想要"房间变整洁",就要让孩子产生"想要让大家一起生活的房间变整洁"的意愿,让他意识到这需要大家一起努力才能实现。家长要培养孩子养成独立思考、自主行动的习惯。

如果不考虑轻重缓急,很多时候事情就无法顺利推进。比如,早上要赶时间,却还不着急地收拾收拾这儿、整理整理那儿。这显然是不合时宜的。这种时候,有的父母会催促孩子:"没时间了,赶紧收拾。"有的会说:"先放那边可以吗?"做事要考虑轻重缓急,这是非常重要的。如果当时没有足够的时间,决定之后再来收拾。父母要注意督促孩子:"刚才没做完的事,现在就去完成吧!我会帮助你的哦。"

如果孩子做事,不是因为迫于父母的命令,而是通过自己的思考主动想要完成,就说明孩子的自主意识正在逐渐形成。

父母可以这么说

"××没有了,会不会困扰啊?"
"找不到了怎么办啊?"

父母经常使用这类能够『引发孩子思考的话语』,能让孩子变得更加优秀哦。

就算采取措施也不能顺利推进

父母的态度要冷静、坚定

有时候,就算采取了措施,事情的进展还是不如预期的那样顺利。不管对孩子说了多少次"要放回原处哦",就是不起作用。遇到这种情况,父母一定非常火大吧。

出现这种情况的时候,恰恰是孩子能否成功的关键时刻。

尽可能用平和的语气,耐心地跟孩子交流。父母如果表现出不耐烦的情绪,大声训斥孩子,到最后双方都会激动起来。

朋友 A 在自己的家里,制定了这样的规则——"白天拿到客厅里的东西,晚上要放回原处""没有收拾的东西会被扔掉"。

有一天,A 的孩子又把游戏机和笔记本乱放了,于是 A 按照约定,把这两件东西处理掉了。

孩子早上起来,A 对孩子说:"因为你没有收拾,所以我把那些东西处理掉了。"

行动起来吧!

就这样坚持了几次，没过多久孩子就养成认真收拾的习惯了。因此，父母的态度是否坚定，对孩子的习惯养成来说非常重要。

制定规则

制定规则的时候要和家庭成员一起讨论，不能随意决定，只有这样大家才会共同遵守。另外，制定的规则中还要包含如果没有遵守要采取什么样的措施。

◇确定收拾整理的时间（晚饭前、睡觉前）
◇由谁负责，收纳到什么地方（自己的东西要拿到自己的房间）
◇如果没有遵守规定，该怎么办（限定期限，强行执行惩罚措施，比如不可以吃点心了）

提出规则之后，父母要问孩子"这样可以吗？"，来征求孩子的意见。征求孩子意见这个过程非常重要。在这个过程中，孩子会来考虑这个规则合适不合适。让孩子遵守规则的诀窍，就是要让孩子认可责任、承担责任。如果制定好规则之后，父母能够重视规则，那么孩子也会自然而然地重视规则。心里可不能产生"今天就算了吧……"这样的想法，请给自己一些压力，努力坚持吧。

就算是和孩子一起商讨后达成的共识，也要注意，制定的要求不能过高。制定出规则之后，全家人要主动遵守，共同营造出积极守约的家庭氛围。

孩子能看出父母的认真程度

一旦制定了规则，就要遵守。如果父母只是嘴上说："不收拾起来，这本书就扔了啊。"但是孩子没有守约的时候，父母却没有认真落实，只是嘴上说："定了规矩也没用。""这次先放过你，下次再发现就给你扔了。"用这样的话抱怨了几句便"放过"孩子。

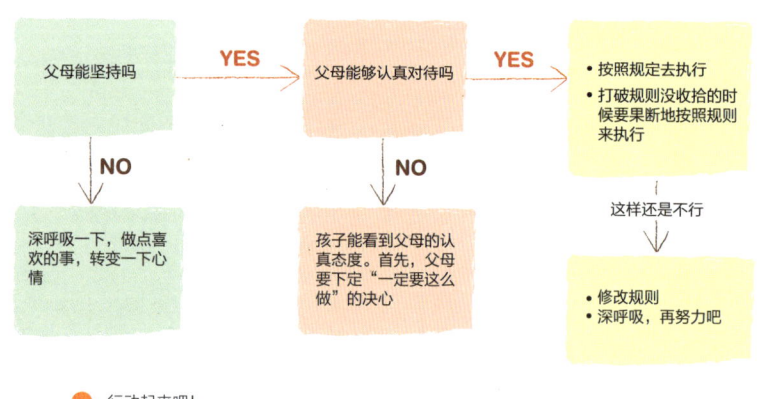

● 行动起来吧！

如果孩子感觉父母其实只是说说而已，哪怕只有一次，孩子也会认为"其实不会怎么样吧"。不能看电视，不给孩子买东西，这样的约定也是一个道理。孩子能看得出父母是不是真的下定决心这么做。如果父母没有这样的决心，就算威胁孩子，也不会起到理想的效果。最后所有的约定只能变成"说说而已"。

你幸福吗？

父母没控制好自己的情绪，冲孩子发脾气，主要是因为家长感到疲惫，或是缺乏耐心。我自己时不时也会有这样的感觉："啊，会不会是因为工作太忙了，所以才会这么暴躁……"和丈夫吵架，工作中遇到不顺心的事，或者是没来由的烦躁，都容易让人产生疲惫感。但是，孩子并不知道父母在生活中遭遇了什么。父母在烦躁的时候会突然觉得，有个孩子真的是好麻烦。

冷静地想一想，是不是因为自己太忙了，所以才变得越来越容易急躁了呢。如果是这样，那你就需要给自己充充电，让自己放松放松，重新调整好心态。

训练

11

给自己充电

父母的作业

为人父母真不是一件容易的事。冷静地想一想,各种各样的麻烦还真多。遇到不顺心的时候,可以进行下面的练习,有可能获得不可思议的效果哦。

步 骤

在房间中间放一把椅子,缓慢地舒展腰身。
调整呼吸,慢吐慢吸。
看着天花板的一角,然后将注意力转移到自己身上。
你听到"自己内心"的声音了吗?

① 现在,来问自己几个问题
　　你"自己内心"此时是否感到疲倦?
　　你"自己内心"是否觉得身体不够放松?
　　你"自己内心"觉得悲伤吗?不舒服吗?
　　你"自己内心"此时是否感受到了压力?
　　你"自己内心"是否感受到了幸福?

② 对自己说几句赞赏和鼓励的话吧。
　　"我正在努力!"
　　"我还没充分发挥自己的实力呢!"
　　"我是最棒的!"
　　"都这么努力了,已经很棒了。"
　　"不如稍微放松一下吧。"

就像和知心好友谈心那样,耐心、温柔地和自己的内心说说话吧。

● 行动起来吧!

清晰传达需要孩子做的事

不要有"他应该明白啊"这样的误解

人和人沟通的时候,常常会不安地想:"自己想说的东西,是不是完整地传达给对方了呢?"心里抱着"话说到这种程度,对方应该明白的吧"的想法,因为没能把自己的意思完全表达出来,导致出现差错,这样的例子有很多。

朋友的大儿子在洗澡的时候,忘记把洗澡的海绵带进浴室,于是大声叫爸爸帮忙拿进去。

"爸爸,我没拿洗澡的那个米老鼠海绵,帮我拿一下。"丈夫打开浴室门,手里拿着的却是孩子的米老鼠玩偶。孩子不满地抱怨道:"稍微想一下也知道,谁洗澡要玩偶啊。"丈夫只好说:"哎呀,你又没和我说清楚。"

大人都会出现这种没能准确理解对方意图的情况,更何况是孩子呢。孩子们常常会用与大人完全不同的视角看待问题。因此尽管做了沟通,双方的理解也可能不尽相同,这种情况并不少见。

要做出明确的指示

为了让孩子清楚理解自己的意图,父母要把重点指出来。尤其是一开始让孩子帮忙的时候,更要交代清楚四个要点。

①把什么东西
②放在什么地方
③按照什么顺序
④为什么要这么做

比如,吃完饭让孩子收拾的时候可以这样说:
"吃完之后,双手端着菜盘子,放到洗碗槽里,注意别把它摔了哟。"
"然后,把茶杯和饭碗也放到洗碗槽里。筷子很容易掉,要用手攥

● 行动起来吧!

着哟。"

"剩下的菜,交给妈妈(或者爸爸)处理。蛋黄酱要放到冰箱里。酱油要放回架子上。大家一起,把桌子收拾干净吧!"

"最后,把桌子擦干净。从外往里擦……收拾干净了,心情好好啊。"

用明确的语言耐心地指导孩子,这样就不会出现忘东忘西的情况。说明的时候使用"首先……""然后……"这类引导词,有条理地说明,才不会让孩子觉得困扰。

父母可以这么说

"让我们一起做做看吧!"

要孩子做事的时候,要对孩子说清楚:什么东西、放在哪里、用什么顺序做。然后用"一起做做看吧!"这样的话鼓励孩子去完成。

确认孩子是否真的明白,"提示"有技巧

适当提示,减少误会

人与人之间有很多种沟通方式。一般,打断对方的话被认作是不礼貌的行为,因此即便不明白对方的意思,也不可能直言告诉对方"我不明白你的意思"。

但是,欧美人却完全不同,会及时打断并提问:"你说的是什么意思?"或以"我是这么理解的,没错吧?"等引导性的提问确认自己的理解是否正确。虽然这种方式会让沟通变得很烦琐,不过习惯之后就会减少很多误会。而这种通过复述的方式,确认对方意图的行为,就是所谓的"提示"。

父母在教孩子一些事情时,把话说完之后,可以对孩子说:"可以重复一遍我刚刚说的话吗?"并让孩子再说一遍,就能知道自己是不是把想说的都说了,孩子是不是都记住了。

如果孩子知道父母会让自己复述,在听的时候,就会更加认真。

行动起来吧!

父母在听孩子说话的时候,可以反问孩子:"是这样吗?"对孩子的话进行确认,更好地帮助父母理解孩子的意思。

说话的人是不是把想要表达的都表达清楚了,听的人是不是都听明白了,沟通过程中可能出现的误会各种各样,因此提示的方法也要视情况而定。恰当地表达出自己的意思,对方才能更加准确全面地理解。接下来,就去确认一下,孩子到底明白不明白自己的意思吧。

父母可以这么说

"你是这个意思吧?"
"刚刚我说了什么,能和我复述一下吗?"

提示是消除误解的第一步。

积累微小的成功体验

找到一个突破口

如果一开始,就让小孩子做高难度的事,孩子是绝对不可能成功的。

M 的桌子上,铅笔、画笔、便签等文具用品在不断增加,所以总是处于一种乱七八糟的状态。M 找了一个抽屉作为"文具专用抽屉",没有进行细致的分类,把所有文具一股脑儿都放了进去。

虽然只是做了粗略的整理,但是桌子上确实变干净了,看起来再也不像之前那样乱糟糟的了。这都是抽屉的功劳。把这些东西全放到抽屉里,这件事基本没什么难度,所以这个习惯很容易养成。在那之后,M 的桌子看起来一直很整洁。

收拾整理,要从整理小地方开始。

把那一处小地方整理干净,体会到整洁带来的好心情,就相当于成功迈出了整理的第一步。

行动起来吧!

就算是狭小的地方，收拾得干净整洁，也会让人产生不小的成就感。从小地方开始感受整理的乐趣，才能让接下来的整理顺利进行。

在树立自信的时候，积累微小的成功体验至关重要。孩子凭借从这里获得的自信，下次就会自信满满地主动出手。

不要自我设限

如果孩子一开始不感到厌烦，日后就会更加主动。因此，不让孩子产生"不擅长整理"和"讨厌整理"的想法，是最重要的。

幼儿园的小孩子会觉得整理是一件简单的事，但是当孩子念到小学高年级时，虽然能够得着更高、更远的地方，反而开始觉得整理是件麻烦事了。出现这种情形，其实是很正常的。

很多时候，不一定要做得面面俱到，只做好一件事也是值得鼓励的。背负着责任感，坚持到最后，才是最重要的。

比如，孩子从幼儿园或学校回来，能把自己的东西放到自己的房间或者指定的位置，就已经很棒了。可以在孩子做完这件事后，设立一个能给予孩子鼓励的环节，比如点心时间，用这种令人愉快的组合来引导孩子开始做事吧。

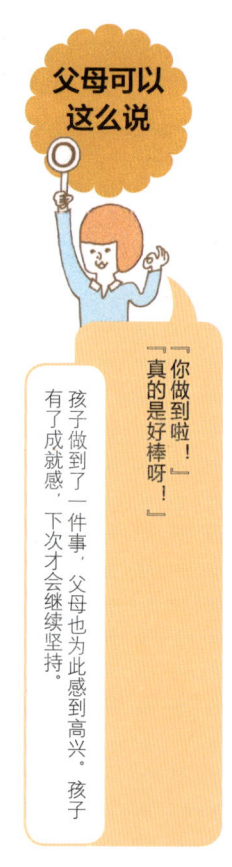

父母可以这么说

"你做到啦！"
"真的是好棒呀！"

孩子做到了一件事，父母也为此感到高兴。孩子有了成就感，下次才会继续坚持。

● 行动起来吧！

训练

12

奖励印章

整理完成后,给孩子盖印章

盖印章,是为了帮助孩子积累成功体验。如果能够让孩子产生成就感,孩子就会树立起"自己能够收拾"的自信。

计划相关事宜

对孩子来说,最容易且最愿意做的一件事。
例:晚饭前,把玩具放到箱子里。

需要准备的东西

- 印章卡片
- 印章

步骤

① 和孩子沟通后,决定好要做的事,这件事不能由父母单方面决定,孩子也要认可。
② 当孩子完成①中要做的事之后,父母要检查成果,然后给孩子盖上印章以示鼓励。盖印章的时候,一定要面带微笑,发自内心地夸奖孩子做得真棒。
③ 持续2周到1个月。

要点

* 刚开始要从简单的事做起,因此选择做什么很重要。
* 不必贪多,但是必须要盖满30个印章。
* 当孩子获得了30个印章后,可以一步一步让孩子尝试做别的事。

孩子做到了要表扬，没做到要重新做

感受到成就感，就会愿意做

如果孩子做成了一件事，请记得一定给予表扬。表扬的时候不能只是简单地敷衍"真是个好孩子啊"，而是要根据孩子做到的事，做出具体的表扬。比如，"能做成×××，真是了不起"，"做成×××啦"。

孩子把书放回书架，父母要记得说："哎呀，真棒！把书包放到该放的地方啦。"孩子把桌子整理干净，父母要记得说："这么干净，看着都觉得心情好。"孩子把学习资料放到对应的文件夹里，父母要记得表示："哎呀，把资料放到文件夹里了。"

如果孩子成功完成了一件事，就要像这样对孩子进行表扬。

就算只是很小的事情，孩子也会因为被人认可、得到表扬而感到开心。得到认可后，孩子就会产生"我能做到"的成就感，提升自信心。这样反复几次积累成功的体验，面对别的事情时，孩子会产生想要试试看的心情，于是慢慢形成了主动性。

● 行动起来吧！

因此，就算父母觉得孩子只是做了一件理所当然的事，也要通过表扬来鼓励孩子："体操服已经自己放到洗衣篮里了呀。""你把水杯拿到水龙头那里，真是帮了我的大忙呀。""桌子居然整理得这么干净。"不要对孩子做到的小事视而不见，只要孩子做到了，就要给予表扬。

形成"只要孩子做到父母就表扬"的习惯，是非常重要的。

"表扬认可"的神奇力量

如果孩子的行为得到认可，因为付出的努力得到了表扬，孩子就会更加努力，他的优点也会不断增加。只要孩子取得了进步，自信就会跟着提高，如此便进入了良性循环。

小学四年级的 M，从辅导班回来之后，自己主动把学习资料放到了文件夹里。

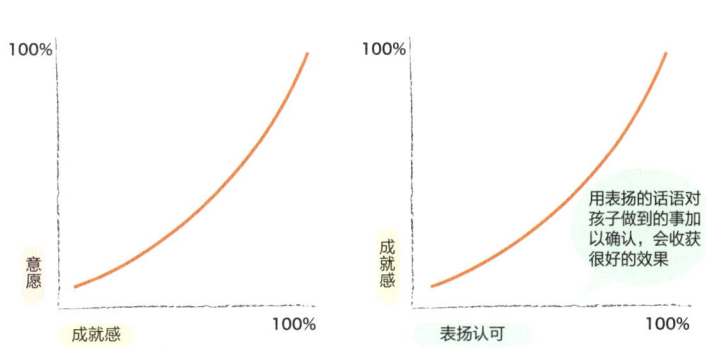

意愿 vs 成就感 vs 表扬认可

★ 意愿和成就感，成就感和表扬认可之间，存在密切的关系。表扬认可越多，孩子的意愿就会越高涨

父母可以这么说

"做到××了呀!"
"正在×××呀!"

不要对孩子微小的成功视而不见,用有具体指向的话语表扬孩子。

　　妈妈看到之后,非常开心地赞叹:"太棒啦,这样就不会弄丢了。如果再整理一次,肯定就更方便啦。"这样一来,M的心情也会因为受到表扬变得很好。每天不仅会把资料放好,学习也更加努力,成绩也变得越来越好。

　　通过确认自己的能力,孩子会从中获得自信。孩子可能需要时间来确认"有信心能做到这件事",但是只要确认了自己的能力,自信就会逐渐积累起来,想要更加努力地试试看。培养自信和自我肯定,对于孩子的健康成长很重要。表扬认可,具有非常神奇的力量。

行动起来吧!

遵守规则

就算事前和孩子约定好，玩完玩具之后要整理，有些孩子还是不能遵守约定。这时，父母要冷静地指出孩子没有收拾整理的事实，然后用鼓励的话激起孩子的干劲。

妈妈：啊，游戏机又扔到一边啦。我们约定过，玩完游戏之后要怎么做啊？ ▪······ 确认事实后，让孩子想起之前的约定

孩子：我待会儿就收拾。

妈妈：待会儿是什么时候呀，能告诉妈妈吗？ ▪······ 限定时间，督促孩子行动

孩子：……

妈妈：…… ▪······ 等待孩子的答复很重要，要维持平和的氛围

孩子：现在做……

妈妈：不收拾的话，也许会弄丢，再想玩的时候可能就找不到了。

孩子：嗯。

妈妈：不过，话说回来，你经常忘记收拾呀。想想，东西都放到抽屉里的感觉是不是很好啊？ ▪······ 去理解孩子的心情，再构建一个共同的目标

孩子：……

妈妈：你想要一直保持什么样的心情呢？

孩子：快乐的。

妈妈：这样啊，快乐的心情啊，收拾整理会让你不开心吗？ ▪······ 配合孩子的步调，用孩子的话消除孩子的戒心，然后，让孩子去发现怎样才能鼓起干劲

➡ 下页继续

孩子：在学校里，如果做到了一件事，就能得到贴纸，可以贴起来。所以每做到一件事都会很高兴。

妈妈：啊，这样啊。贴纸啊，感觉很有趣哦，我们要试试吗？ ▪┄┄┄┄ 对于孩子的提议，就算最后不会采用，也要在一开始表示理解

孩子：嗯，好的。妈妈，那我想把这段时间 XX 上得到的贴纸都贴上。

妈妈：好呀，我也觉得很有意思。那我们一起制作一个贴纸本好吗？ ▪┄┄┄┄ 模仿孩子说话的节奏和态度，会让孩子产生亲近感

孩子：嗯！

妈妈：妈妈都没玩过贴纸游戏，那你来教妈妈好吗？ ▪┄┄┄┄

孩子：好的，玩完游戏之后，我要是把东西放回抽屉，就可以贴一个贴纸。 ┄┄ 通过提示再次确认

妈妈：那个贴纸本可以让妈妈看吗？ ▪┄┄┄┄

孩子：可以呀，妈妈，我们快点来做贴纸本吧。

┄┄ 提出要合作

● 行动起来吧！

提高热情大作战

快乐地玩吧

在幼儿园,玩完玩具后都会有"整理时间",伴着音乐孩子把玩具放回箱子里,由于气氛愉悦,整理这件事也变成了一个游戏。有的幼儿园,整理和唱歌是同步进行的。好听的歌曲营造出了轻松的气氛,孩子自然愿意去收拾。有的幼儿园还有整理比赛,和大家一起收拾整理变成了一个游戏,孩子一点儿也不会觉得烦。

孩子只要把要做的事当成游戏,就会兴高采烈地去完成。

自己完成一件事可能会觉得孤单,大家一起做会比较有趣。在家里,规定一个全体家庭成员一起进行大扫除的日期。不是让孩子自己去收拾,大家都参与,也能起到很好的效果。

孩子和父母一起做事的时候,会很开心。由于有父母陪伴,一开始就会非常快乐,整理的时候一直欢声笑语。因此,营造快乐的气氛是非常重要的。

塑造"整洁生活"的印象

如果拜访朋友的时候，发现朋友家里非常整洁，也会想把自己的家收拾得干净整洁吧。我最近越来越觉得，印象的力量非常大。想要桌子维持什么状态，想要家里维持什么样子，就要塑造出相应的印象，自然而然就会想去实现它。

朋友 H，由于女儿不收拾房间，经常感到头大。

一天，H 和女儿一起去买东西，在家居店里看到漂亮的摆件，就买了下来。你猜怎样着，女儿竟然为了衬托那个好看的摆件，开始整理房间。

从那时起，H 就开始把家居杂志随意地放在家里。这个战术果然成功了，彻底改善了房间环境。

看来，就算是孩子，也会为想要达成的目标印象付出努力。

行动起来吧！

训练

13

模拟实战

提高干劲

做 法

① 测量房间尺寸,制作简单的房间平面图(比例尺,按照1/100或者1/50,也就是,现实中的1米换算成2厘米)。
② 测量家具的尺寸,做出折纸的小模型。
③ 父母和孩子一边商量,一边看能不能把这个小模型放到之前做的那个房间平面图上。

要 点

* 把家具模型放到平面图上时,不是简单地放上去就行了,父母和孩子要一边商量,一边思考"真正实用"的摆放方法。
* 哪个家具放到哪里比较合适呢?怎样摆放使用起来更方便?只有考虑到这些问题,才会真正明白"整理"的意义、价值和必要性。

训练
14

预备，开始!
享受整理的乐趣

让孩子在享受中学习整理，虽然看起来，这件事可能并不必要，但实际上却是非常重要的。爸爸妈妈经常会忽视这一点。

需要准备的东西
- 音乐
- 计时器
- 点心

步骤
① 到了收拾玩具的时间，先播放孩子喜欢的音乐。
② 开展整理比赛，喊一声"预备，开始!"后开始整理，并给孩子计时。
③ 孩子做完之后，可以享受点心。

要点
* 要让整理的过程变得有趣。
* 提醒孩子"结束了之后可以吃点心哦!"

● 行动起来吧!

训练

15

大扫除

享受整理的乐趣

年终的时候进行大扫除。并不是说只能在年终进行大扫除,可以把大扫除当作一项家庭活动,全部家庭成员一起吵吵闹闹、开开心心地完成。我们来模拟一下吧。

需要准备的东西

- 大扫除工具

步骤

① 父母要和孩子一起去买架子和窗帘之类的东西,购买的时候询问孩子的喜好。
② 为孩子准备专用的整理工具,比如"XX的抹布"。
③ 确定好整理时间后,家庭全员一起进行大扫除。
④ 大扫除结束后,大家可以一起享用准备好的点心。

要点

* 大扫除前,去买东西的时候,让孩子选择自己的清扫工具。用自己选的工具劳动,孩子做起来也会更有干劲。
* 和孩子一起,把家里变得干干净净吧。
* 收拾家里环境时,一定不要忘了"实用",和家人一起塑造"整洁"的印象吧。

写给心中有他人的孩子

做个爱管闲事的人

"已经是小学生了,片假名还不会写吗?""都一年级了,还不会游泳吗?"父母有时候会因为这样的事而焦虑不安,结果只能说"算了,还小呢",用这样的话来安慰自己。

会和别人打招呼,能够不吵醒父母自己一个人起床,懂得根据季节选择衣服,吃完饭后能把餐具收拾干净,弄脏的衣服会主动放到洗衣筐里,随着年龄的增长,孩子慢慢养成了这些生活习惯,看似微不足道,却是孩子自立过程中重要的环节。

家庭成员之间相互帮助,是彼此的责任。美国的孩子从幼儿时期就开始帮忙做家务,我发现,在家里塑造"当然要帮忙做家务"的共识十分重要。

我们要让孩子感受到:自己作为家庭的一员,有责任为家庭付出自己的劳动。

行动起来吧!

写给心中有他人的孩子

"整理"可以说是对事物的总结。能够跨越"不想做所以不做"这个观念，是学会自立、长大成人的基础。

比如，"已经到了晚饭时间，整理一下吧"。孩子听到这样的话之后，能把自己玩的玩具放到箱子里，就是"整理"。如果孩子还能把和自己没有关系的漫画书、报纸之类的东西，都一并整理了，说明孩子取得了很大的进步。

也就是说，孩子已经可以主动考虑周围环境的状况，自发采取行动了。

这样的孩子，不只是一个会整理的人，他已经会考虑周围的人和事，成长为一个心中有他人的人。

这是千金难买的宝贵品质。

附 录

如何与不同类型的孩子沟通

了解孩子的类型

孩子的性格各不相同,有的天生具备领袖气质,有的孩子性格温和,处处替他人着想。在指导孩子进行整理时,父母如果能考虑孩子的性格,选用恰当的语言加以引导,孩子就更容易接受。

JAM 网站通过研讨会讨论出了一套用于检测孩子性格类型的测试题,我们一起做做看吧。

如果你之前没有想到过根据孩子的性格"因材施教",采用了适合孩子的沟通方法后,一定会惊叹,换个方法居然能起到这么惊人的效果。在下一页,我们会把孩子的几种性格类型介绍给大家。父母在与孩子沟通的时候可以加以参考。

通过测验了解孩子的性格类型

在A～D，四项描述中，找到与孩子相对应的一项，哪项描述与孩子更吻合，孩子就属于哪种类型。

A
- ☐ 能照顾他人的孩子王
- ☐ 大方，心胸开阔
- ☐ 值得信赖，不会拒绝他人的请求
- ☐ 不善于发现自己的弱点
- ☐ 多数场合都很活跃
- ☐ 有时候会指使别人做事
- ☐ 深得老师信赖
- ☐ 喜欢自立
- ☐ 经常成为小团体的领导
- ☐ 有时会努力挑战不可能

B
- ☐ 不会做自己不认可的事
- ☐ 按照自己的节奏工作
- ☐ 总是很冷静
- ☐ 对感兴趣的事情很有干劲
- ☐ 有自己的见解
- ☐ 经常不听别人的建议
- ☐ 热心研究
- ☐ 很像个小大人
- ☐ 不太懂得合作

C
- ☐ 有很多想法
- ☐ 性格开朗，精力旺盛
- ☐ 容易半途而废，就算订了计划，也很难按部就班坚持下去
- ☐ 好奇心旺盛
- ☐ 喜欢新鲜事物
- ☐ 喜欢说话
- ☐ 话题很丰富
- ☐ 有很多朋友
- ☐ 几乎没有烦恼
- ☐ 讲规矩

D
- ☐ 做事周到
- ☐ 倾向于对他人提供正面的支持
- ☐ 想要成为对别人有用的人
- ☐ 温柔
- ☐ 讨厌吵架和冲突
- ☐ 话不多
- ☐ 为了别人高兴，不惜委屈自己
- ☐ 容易被别人影响
- ☐ 不会痛快地说出"不"字
- ☐ 容易害羞

➡ 下页继续

 与 A 更相符   与 B 更相符

 所谓的好孩子类型

 冷静型

性格……朋友当中值得信赖的类型。被依赖的时候会很开心，如果是他自己的选择，就会干劲十足。反之，为了应对周围人的期待，他也会硬着头皮做一些办不到的事。注意不要给孩子太大的压力，要对孩子说一些能够缓和孩子压力的话，如"真努力啊，但是真的没关系吗？"等。

督促收拾的时候……"妈妈做午饭了，能请你帮忙收拾吗？"给孩子选择权，只要是他自己选的，就会有"好的！我来做！"的干劲。

表扬的时候……只要孩子做了，就一定要给予表扬。"真厉害啊！""挺能干的嘛！"可以使用这种简单直接的表扬方法。

性格……顽固并且无理胡闹的时候也是有的，往往会经过冷静的思考，再展开行动。一旦决定要做，就会朝着目标不断努力。

督促整理的时候……对孩子讲解的时候要注意顺序。"大家是不是都能一点不差地整理好啊？""能不能做到啊？"这样的话，对这种类型的孩子，是很有效的。孩子会被"一点不差"这类的词句吸引。这一类型的孩子需要花费时间认真思考，要给他充足的时间。

表扬的时候……只是简单地说"好棒啊"是行不通的。要依据事实做出客观的评价。着重表扬孩子重视的部分，就能激发孩子的干劲。

与 **C** 更相符　　　　与 **D** 更相符

大大咧咧型　　　　沉稳型

性格……开朗，大大咧咧，精力十足的个性。容易半途而废，经常不能长时间坚持一件事，好奇心旺盛，想挑战很多事，轻松自在的时候能够发挥出巨大的潜力。

督促他收拾的时候……刺激他，他会很有干劲。可以一边说"能整理吗？能整理的话真的是好厉害啊"，一边激励他做事。
但是，容易半途而废是他的缺点，为了让他坚持做下去，可以设立类似于"做完了可以吃点心哦"之类的开心组合，借此引导他坚持到底。

表扬的时候……这种类型，怎么表扬都可以。可以从小事着眼，每天发现一些优点加以表扬。

性格……虽然看起来有些成熟，实际上是非常温柔的人，非常希望能够帮助别人。一旦有人提出请求，虽然未必能做到也会尽力去做，所以父母注意不要给这样的孩子太大的负担。

督促收拾的时候……如果简单地对孩子说："能帮忙来收拾吗？"这种孩子是无论如何也不想去做的。"你真是帮大忙啦""好开心啊"这类的话语能起到关键作用。
这类孩子，非常喜欢和别人一起做事，可以用"我们一起来做吧！"这类邀请性的话语鼓励他。

表扬的时候……因为这个类型的孩子想要成为对别人有用的人，"能帮忙做XXX真的是太感谢啦！""你的XXX真是帮大忙啦！"说这样的话最能打动孩子的心。

后记

相关制作人员的话

青木秀树
有时候,就算有心整理,也未必能顺利进行。如果能顺顺利利地整理好,心情就会变好,感觉很痛快。整理是可以让人心情变好的。

石川律子
在孩子自己动手整理的时候,父母要耐住性子,不要插手。父母的耐心,会让"孩子成长为像父母一样的大人",让孩子自己好好享受自己的成长吧。

大和 都
很多大人都不擅长整理,我就是其中之一,但整理并不是某种天赋,而是可以通过后天习得的。如果能开心地进行整理,即便没有人提醒,自己也能很开心地主动去做。

大和明子
我正在培养我的孩子掌握整理的技能。出手帮忙、言语督促,偶尔看着孩子做,这样反反复复,虽然很麻烦,但是我深信这肯定对孩子的将来有好处。

大塚智史
对于孩子来说,整理是培养未来社会所需的技能和思想的一个重要入口。通过这本书,有意识地、快乐地进行训练吧。

小山知美
如果把房间整理得干净利落,想玩的玩具什么时候都能很快拿出来。节约一点找的时间,玩的时间就又能增加了,每天的整理是非常重要的。

草间由美子
和孩子一起度过的时间,是父母给孩子最宝贵的礼物。和孩子一起做家事,耐心地教导他怎么做,让他养成整理的习惯吧。

菅泽京子
我就是一个不擅长整理的人。真希望女儿能成为善于整理的人。我要和孩子一起努力!

狮子仓雅子
如果对自己说"明天再干吧",会带来负面效果。"今天就做,现在马上做。"然后和孩子一起开始整理吧。这样的话,不管是整理物品,还是头脑,还是自己的心,都会慢慢熟练起来。

铃木结子
多余的物品、信息,真的是必要的吗?对孩子来说,整理过程是重要的思考原点。

畑 幸子

"如果有能指挥别人去整理的魔杖就好了……"每次想到我那不会整理的女儿,我都希望有这样一个魔杖。这本书能成为这样的魔杖吗?请好好利用啊。

高取志津香

这本书凝结了参加这个活动的15个人的智慧。"就是整理不好嘛。"与其抱怨责备,不如耐心教导,然后一起收拾。现在开始还来得及。

三木香奈

通过孩子的房间,就能窥视到孩子的头脑。整理物品这件事,也是整理孩子的头脑。

胁田 惠

参加了这个活动后,感受到了让孩子收拾的意义。意识到了,为什么让孩子学会整理是重要的,这本书会教给大家如何去做。

米盛贤治

怎么做是最好的呢?重要的事是什么呢?如果能经常这样想,身边就能保持干净整洁了。

NPO法人 JAM网

JAM是Japanese & American Mothers的首字母的缩写,是日本、美国两地父母、孩子和教师互相交流的平台。2002年,JAM网依托美国的取材,根据日本的实际情况提出了沟通技巧和训练方法,在社会各界引起很大反响。2003年10月,JAM网转变为培养孩子和父母、老师沟通技巧的非营利机构。以父母、子女和教育者为对象,JAM网在日本各地举办了多场讲座和研讨会。

[日]高取志津香 + 日本NPO法人JAM网 编著

李俊 译

正确的金钱观

别插手！让孩子独立的自我管理课 ③

九州出版社
JIUZHOUPRESS

图书在版编目（CIP）数据

忍住！别插手！让孩子独立的自我管理课．正确的金钱观 /（日）高取志津香，日本 NPO 法人 JAM 网编著；李俊译． -- 北京：九州出版社, 2018.3（2018.6 重印）
ISBN 978-7-5108-6725-5

Ⅰ．①忍… Ⅱ．①高… ②日… ③李… Ⅲ．①自我管理－儿童读物 Ⅳ．① C912.1-49

中国版本图书馆 CIP 数据核字 (2018) 第 044832 号

Original Japanese title: DAMETTE IWANAI KODOMOE GOOD ADVICE 3 OKANE NO MORAL
Copyright © 2016 by Shizuka Takatori
Illustration copyright © 2016 by Tomoko Ishimura
Original Japanese edition published by Godo-shuppan Corporation Ltd.
Simplified Chinese translation rights arranged with Godo-shuppan Corporation Ltd. through The English Agency(Japan) Ltd. and Eric Yang Agency, Beijing Office
版权合同登记号 图字：01-2018-1127

培养孩子的独立性

该丛书旨在培养孩子的自理能力,而不是催促孩子"快点儿!",或是批评孩子"不行!"。

您会翻开这本书,就说明您在教育孩子方面一直肯下功夫。

可是一直不见成效。

出门的时候丢三落四、磨磨蹭蹭。房间里、桌子上总是乱七八糟的。零花钱都用来买零食和漫画……反正就没一件事是顺心的。

于是你就冲孩子大吼大叫:"赶紧的!""收拾收拾!""这样不行!"甚至开始责骂:"你都干了些什么!""我说的话你记不住是吗!"骂完孩子,自己又后悔了。

不是你说话大声,孩子就能进步的。

一位美国朋友曾经给我讲过寄宿在他家的日本高中生的事情。

"日本的孩子是不是都被惯坏了?被子、杯子、餐具就放在那里,

也不收拾。似乎等着别人帮他收拾。"

一位加拿大朋友也和我说过在他那里打暑期工的日本大学生的事情。

"除非你对他说'把这事儿干了',否则他什么也不干。"

应该让孩子自己思考"现在该做什么",然后主动去做,而不是在家长的催促下去做。

首先,有一点家长要明白——"孩子的事情让他自己做"。

迟到也好,丢三落四也罢,那都是孩子自己的事情。什么事情家长都考虑在前面,都安排好了,这样对孩子并不好。这等于剥夺了孩子成长学习的机会。必须让孩子明白"这是我自己的事情",让他自己去思考该怎么做。

还有一点就是,要教会孩子处理问题的具体方法。

没有哪个孩子生下来就会整理自己的物品,能够有计划地安排时间,或是合理使用零花钱。首先需要家长做示范,教会孩子应该怎么做,实际上就是制定一个"规范"。没有具体的规范,孩子不会明白该怎么做。有了规范之后,就可以让孩子按照规范去操作。

有的家长不告诉孩子该怎么做,觉得"孩子还小,怎么做得了?"千万不要这么想!不管针对几岁的孩子,学不会就反复地教。

该丛书旨在帮助孩子成长,让孩子能够"合理安排时间""整理好

身边的物品""掌握正确的金钱观"。家长应根据孩子的年龄和他在家的状况，适当地教会孩子去做这些事。

第一册"合理安排时间"，是让孩子"有时间观念"，然后安排事情的先后顺序，计算还剩多少时间，合理地分配时间。

第二册"整理好身边的物品"，从"整理好自己的玩具"开始，最终让孩子学会整理自己身边的所有物品。

第三册"正确的金钱观"，是让孩子掌握正确的金钱观，懂得金钱的来之不易，学会合理分配。通过让孩子有偿做家务的方法，教导孩子正确的金钱观。

很多家长都知道，孩子遭遇挫折的时候，家长不应该马上插手帮忙，但是真遇到那样的情况，还是忍不住去帮。这其实是在给孩子帮倒忙。为了培养孩子的自立能力，父母在想要帮忙的时候一定要尽可能忍住、不插手。

自我管理并不是一件容易做到的事，有时候对大人而言都是个难题，想要让孩子做到自我管理，面临的困难更是可想而知。当孩子觉得一件事有趣时，他便会乐此不疲地一直做下去，在这过程中不断挑战自己。这套书里列举的办法，既让孩子觉得有趣，又能让孩子自发地去做一些事。在配合使用这套书的同时，让我们一边鼓励孩子，一边共同训练吧！

在孩子未养成良好的习惯之前，我们要有耐心，一旦孩子养成了好习惯，之后的事就会自然而然地轻松起来。

在孩子小的时候，做父母的循序渐进地教他一些方法，培养他的自立性，并有意识地让他在生活中实践这些方法。让我们朝着这个共同目标努力吧！

高取志津香、NPO 法人　JAM 网

目录

孩子的金钱观

生活在物质充裕时代的孩子们 /2

不要忌讳和孩子谈钱 / 6

树立孩子的"金钱观"/ 10

父母需要考虑的事

孩子应该在怎样的金钱环境中生活 / 16

[指导1] 收到压岁钱要心怀感激 / 22

生活中,要和孩子"谈钱" / 24

[附录] 和钱有关的词语 / 28

[训练1] 寻找和金钱相关的话题 扩展对金钱的认识 / 31

教孩子学习和金钱相关的等式 / 32

训练2 寻找免费物品 思考经济的构成 / 34
向孩子传递金钱的价值 / 35
测试 看看父母是怎么花钱的 / 40
对待金钱要慎重 / 42
训练3 什么颜色？硬币和纸币中包含的重要意义 / 45
思考：钱买不来什么 / 47

有计划地支配金钱

有钱才能生存 / 52
训练4 自己的钱 计算个人生活成本 / 57
训练5 18岁，开始计划旅行 将生活费具体化 / 58
收入来源 / 59
训练6 偶尔也要吃粗粮 培养收支意识 / 62
和孩子谈谈工作 / 63
训练7 Hello~Work~ 想想他是干什么工作的 / 67
打零工赚钱 / 68
训练8 寻找打工机会 意识到赚钱的不易 / 73
在购物中，学习经济知识 / 74
训练9 定点观察 发现价格的变化规律 / 78
训练10 成为能够发现"不同"的孩子 注意价格 / 79
让孩子了解与银行相关的知识 / 80
关于借钱 / 85
捐赠 / 90

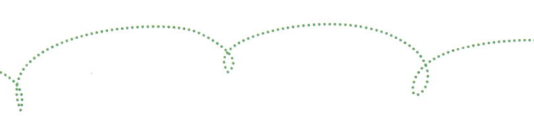

[训练11] "24小时电视"募捐 体验捐款 / 92
[附录] 捐赠清单 / 93

开始实践吧!

关于零花钱 / 96

零花钱,怎么给? / 100

[指导2] 给多少零花钱才合适? / 107

零花钱应该怎么花 / 109

如果孩子对你说"零花钱不够用" / 116

不能顺利进行的时候 / 121

控制欲望 10 元购物训练 / 124

[训练12] 你会怎么办? 控制欲望 / 127

成为一个明智的消费者吧 / 129

[训练13] 选择价格实惠的巧克力 核对每克的单价 / 132

防止卷入危险契约 / 133

让孩子学会自立 / 136

[附录] 如何与不同类型的孩子沟通 / 139

后记

相关制作人员的话 / 143

1

孩子的金钱观

生活在物质充裕时代的孩子们

只要孩子想要的东西，父母就会给他买

如今是个物质充裕的时代，为了让孩子学会克制欲望、懂得珍惜，虽然女儿M很喜欢漫画，Y还是决定每个月只给孩子买一本漫画书。可是，明明自己已经在限制孩子在漫画书上的开销，家里的漫画书数量依然在不断增加……

Y很纳闷："她的钱从哪里来的呢？"他稍微调查了一下才发现，原来是住在附近的爷爷总是偷偷给M钱。

Y对爷爷说："明明已经说了好多遍，不要再给孩子钱了，为什么不听呢？我不是不舍得给孩子花钱，我这么做都是为了孩子的将来着想啊！"

"孩子多乖啊，给她买几个游戏软件吧。如果你不给她买，谁给她买呀。"

这种话简直就是父母的软肋，K 听了也会心软。反正又不会花多少钱，于是总会"忍不住"给孩子买。

"不管别人怎么做，我们家要有自己的规矩，我想在家里贯彻自己的教育方针……"K 很是苦恼。

T 的女儿今年上小学四年级。一天，T 收到了一个不知从哪个公司寄过来的包裹。包裹里装的是漫画杂志随刊贩卖的饰品。T 问女儿，为什么浪费钱买这种东西，孩子却顶撞道："反正是我拿自己的压岁钱买的，我想买什么是我的事！"

T 不免后悔起来：虽说东西并不贵，但是与其让她随随便便花钱买这些没用的东西，还不如当初把这些钱存起来，不让她乱花。

如果孩子产生了"反正是自己的钱，想怎么花都行"的想法，父母应该如何应对呢？如何才能向孩子传递正确的金钱观呢？

现代孩子所处的环境

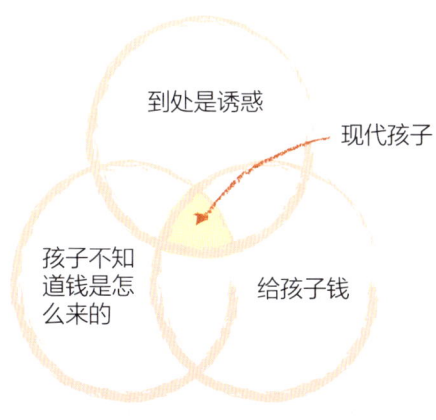

富裕的国家、富裕的时代

这个时代的孩子,可以说要什么有什么。他们不知道钱到底是什么,从不懂得克制欲望。在这种环境下成长的孩子,长大后很可能为了想要的东西负债累累。与其到那个时候再后悔,不如早些教给孩子正确的金钱观和合理支配金钱的方法。

然而,很多父母都不知道该如何帮助孩子树立正确的金钱观。

现代孩子面对的金钱环境

"有大麻烦啦,咱家这个月没钱了!"你猜孩子听到这样的话,会怎么说?

"去银行里取一些出来不就有钱花了吗?"

很多家庭里的孩子都会这么想。请不要嘲笑孩子这种天真的想法。他们之所以会这么想,是因为孩子以为银行就是发钱的地方,他们不知道钱到底从何而来。现代社会的金钱流转,都是通过银行进行的。父母工作的薪水直接发到父母的银行账户里。在这种情况下,孩子很难意识到,钱其实是父母通过辛勤劳动赚来的。

孩子从不缺少礼物、零花钱和压岁钱。尤其是每年正月,他们还能从祖父母、叔叔、阿姨等长辈那里拿到平时想都不敢想的巨额压岁钱。

在日常生活中,孩子虽然不会有像压岁钱那样的大笔收入,但也从没缺过什么,想要的东西都能得到。孩子从来不需要自己掏钱买"需要的东西",手里有了钱自然能买"想要的东西"。现在的孩子,真是要什么有什么!

但是,父母不可能养孩子一辈子啊!一旦孩子们长大成人,他们不依靠自己的力量,还能依靠谁呢?

孩子如果觉得"自己的压岁钱,想怎么花就怎么花",如此一来,即便是数目不小的压岁钱,转眼也就花完了。

在现在的社会环境下,孩子都不太清楚"钱到底是怎么来的"。如果孩子在长大成人前,没有树立正确的金钱观是非常危险的。

因此,在孩子形成金钱观的过程中,父母的教育和引导至关重要。

父母可以怎么做

父母可以让孩子思考,压岁钱可以用来买什么;让孩子思考,为什么他能拿到压岁钱;让孩子思考,金钱存在的意义是什么。

不要忌讳和孩子谈钱

负债的人变得越来越多

生活在现代社会,我们经常能听到贷款、借钱这类的名词,电视上也总能看到这方面的广告。借钱变得如此容易,借钱的诱惑就变得更难抵抗。

我们经常在街上的电线杆、柱子之类的地方,看到蛊惑人心的"贷款广告":"即贷即得!无需担保!""10天免息!"甚至很多成年人看到这种广告都会心动,产生借钱的想法。所以,首先要告诉孩子,如果将来有一天实在需要借钱,可以去银行贷款,不要去相信这些有陷阱的贷款广告。

现代的支付方式更加便捷。我们在买东西的时候,不用去考虑手里的钱够不够,想买什么就买,因为钱没带够可以刷卡。在这种环境下,一个人如果不能克制欲望,无法有计划地支配金钱,就会令卡债像雪球一样越滚越大,最终负债累累。

便捷的支付方式虽然带来了很多好处,却也让我们更难理清收支账目。

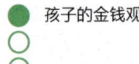

看到贵的东西,我们偶尔也会因为价钱太高而感到不安,但是很多时候都会对自己的欲望举手投降:没关系,肯定会有办法还上的,先买了再说吧。所以,如果孩子没有形成正确的金钱观,就很容易被金钱控制。

懂钱,才能懂"自立"

我们习惯对金钱的问题避而不谈,有的父母甚至希望把自己的孩子培养成不看重金钱的人。

但是,他们显然没有意识到,如果孩子没有形成正确的金钱观,在现代社会可能会面临巨大的风险。

不让孩子了解"钱是有限的",不让孩子学会"有计划地支配金钱",不告诉孩子钱是怎么来的,不让孩子知道该怎么用钱,这样只会害了孩子。

近几年，虽然日本很多学校都开设了关于金钱教育和职业教育的课程，但这并不表示父母可以抛开孩子不管，全交给学校。父母可以在日常生活中，抓住机会，从正反两方面教育孩子。孩子从小受到父母行为的耳濡目染，父母本身就是孩子最好的教材。让我们和孩子一起思考和金钱相关的问题，并在这个过程中教会孩子支配金钱的方法吧。

改善父母和孩子的沟通方式，协助父母引导孩子形成正确的金钱观，就是这本书的目的。书中借用了商业训练的概念，列举了很多能在学校、家里进行的简单有趣的训练方法，并引用了能够引发孩子思考的话语。

我整理了由 JAM 网站收集的日本和美国的案例，在此基础上完成了本书的创作，希望能为教导孩子学习自立的父母们提供帮助。

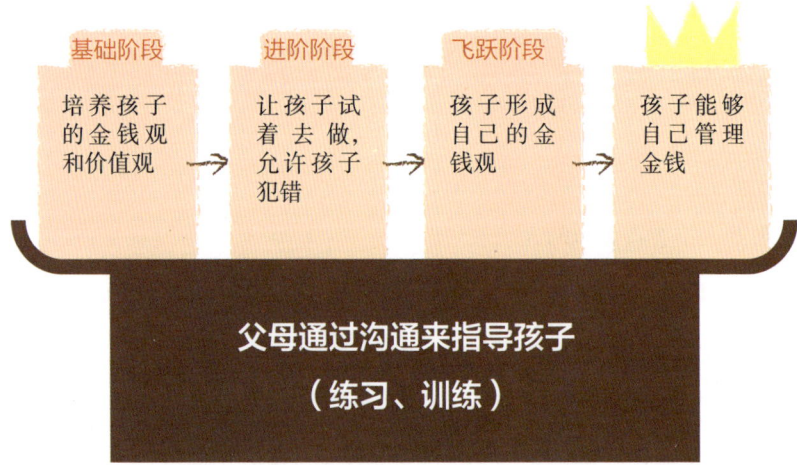

本书邀请了专注于消费者问题的《消费和生活》杂志总编前田智子参与编辑。

书中列举的训练方法，已由JAM网站成员进行了可行性验证。确保每一个训练都能在生活中轻松进行，鼓励亲子双方积极参与。

只有养成了正确的金钱观，一个人才能在迈向社会之后，让自己免受破产的威胁，过上幸福的生活。父母要教会孩子怎么赚钱，怎么花钱，怎么存钱，怎么管钱，只有这样才能让孩子学会在金钱上独立。

父母可以这么做

让孩子在买东西的时候，养成思考的习惯。

树立孩子的"金钱观"

本书的目标

钱很重要，不能让孩子乱花钱，这一点无可厚非。但是，如果在孩子小的时候过分限制孩子花钱，孩子很有可能变得内心贫瘠。

金钱教育，不是让孩子形成金钱至上的金钱观，不是让孩子变得只认钱。如果孩子的理想只是"将来成为有钱人"，恐怕大多数父母都会和我一样对此感到失望。

善于使用金钱的人，能够让自己和家人的生活变得更加幸福。让我们一起来思考一下，怎样支配金钱才能让人过得幸福呢？

在孩子小的时候，父母就应该让孩子了解钱是怎么来的，只有这样，孩子长大之后才能成为独当一面的大人。

本书主要涉及三个方面：如何树立正确的金钱观，如何赚钱，以及怎样控制花钱欲望。为了让孩子能够负责任地支配金钱，我们将对上述三个问题进行深入探讨。

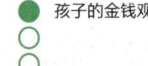

获得独立思考的能力

当今社会,每个人都要为自己负责,孩子也一样。那么,孩子需要具备怎样的能力才能顺利步入社会呢?

如果到现在为止,孩子还只是对别人的话"唯命是从",让做什么就做什么,那孩子的习惯可要改一改了。在生活中,只有面对各种问题都能自己思考并做出判断,将来步入社会才不会迷失自我、随波逐流。

当今社会,信息如洪流般既多又杂,只有做出明智的选择才不至于被淹没。

金钱观是在日常生活中经过点滴累积逐步形成的,因此在孩子小的时候,父母就应该重视金钱教育。只有这样,孩子长大后才能在物质方面和精神方面都独当一面。

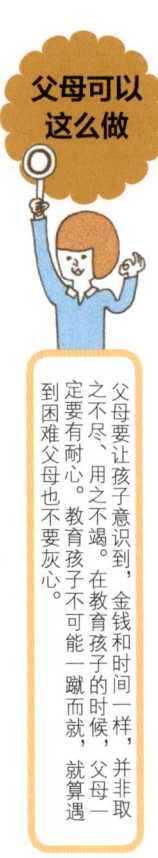

父母可以这么做

父母要让孩子意识到,金钱和时间一样,并非取之不尽、用之不竭。在教育孩子的时候,父母一定要有耐心。教育孩子不可能一蹴而就,就算遇到困难父母也不要灰心。

2

父母需要
考虑的事

孩子应该
在怎样的金钱环境中生活

父母要让孩子意识到：金钱并不是取之不尽的

　　现在的大多数孩子都生活在物质富足的环境中。只要他们想要，无论是哪个国家的东西，无论产地距离多远，都不是问题。孩子们在吃、穿、住、行等方面从没缺过什么，物质条件十分优越。

　　不断上涨的物价和沉重的住房贷款，让父母承受着巨大的压力，工作强度也在不断增加，生活开销要尽可能节俭。即便如此，父母却从不压缩对孩子的支出和教育费用。在这种情况下，孩子难免会觉得，金钱和他们年少的时光一样，是取之不尽、用之不竭的。

　　让孩子也去关注钱财的问题吧。若孩子不知道赚钱不易，不知道钱财有限，怎么可能不乱花钱呢？

　　教会孩子管理钱财之前，先要让孩子了解：金钱不是取之不尽的。

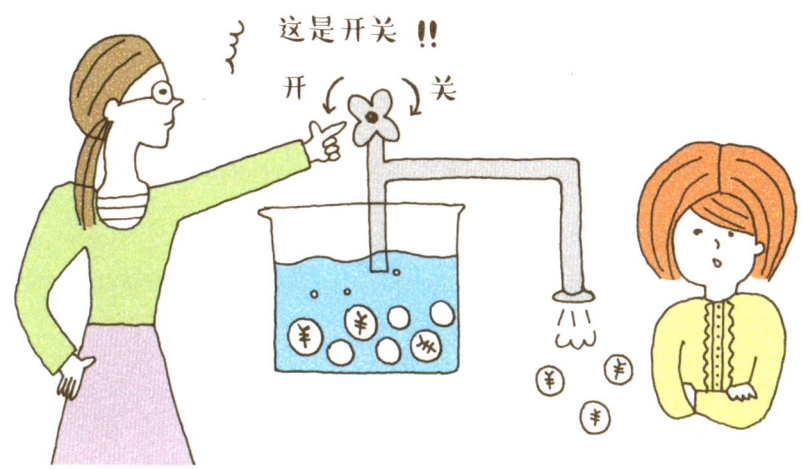

首先,父母要做出改变,不能孩子想要什么就给他买什么。这时,父母要和孩子约定帮他管理压岁钱:让孩子把从长辈那里得到的压岁钱交给自己收着,然后一点一点给孩子用。

要让孩子明白零花钱的意义

父母不仅要和孩子约定发零花钱的时间,也要和孩子约定零花钱的金额。这么做是为了让孩子去思考如何安排有限的钱款,让孩子实际体会一下现实生活中金钱的收支关系。

在第四章"开始实践吧!"中,我会重点介绍"零花钱的规则"和"使用零花钱的方法"。正因为金钱不是取之不尽的,所以父母才要让孩子好好学习如何利用有限的金钱。要让孩子意识到,想买东西的时候如果钱不够，要先存钱，以及决定什么应该最先买，什么可以日后再买。简单的购物过程，其实有很多值得思考的地方。只有经过全面考虑之后，才能找到支配金钱的最佳方法。

孩子的零花钱有限，花的时候自然会对自己的欲望进行取舍。适时地让孩子帮你一起分担家庭压力吧！把孩子当成家庭的一分子，在孩子克制花钱欲望的时候，表扬孩子、认可孩子，孩子就能在生活中学会如何使用金钱。

日本的孩子和世界其他国家的孩子

在中国、日本和韩国，成人会在过年时给孩子发压岁钱，其他国家的人大多给孩子礼物。给压岁钱是中、日、韩三国特有的风俗。

根据《儿童生活与金钱相关调查》（2010年 日本金融广报中央委员会）中的数据，超过20%的小学低年级学生能拿到1万日元（约合人民币660元）的压岁钱，30%左右的中学生能拿到1万到2万日元的压岁钱，半数左右的中学生和50%左右的高校学生能拿到1万到5万日元的压岁钱。

曾有外国朋友问我："虽然给压岁钱是日本的传统风俗，但是把这么多钱无条件地给孩子，真的是对孩子好吗？孩子手里一下子有这么多钱，但是没有一分钱是自己赚来的，孩子的金钱观难道不会扭曲吗？"

孩子如何管理数目较大的压岁钱，会对孩子将来处理金钱问题时采取的方法产生很大影响。所以经常和孩子聊聊与金钱相关的话题吧，这样才能让孩子去思考钱应该怎么花。

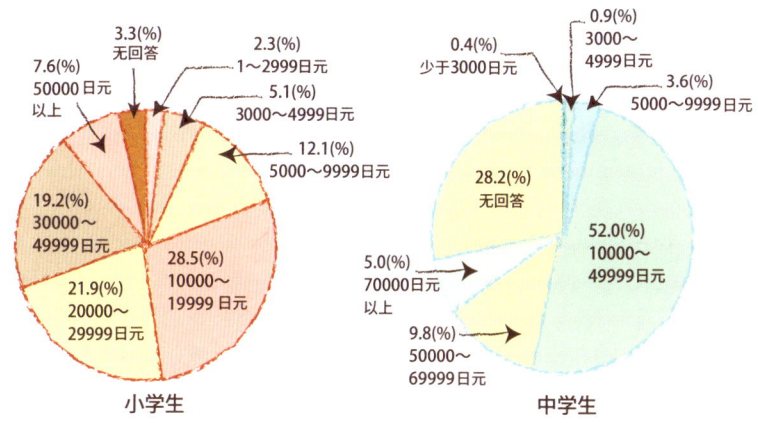

日本的孩子拿到的压岁钱数额

数据来源：《儿童生活与金钱相关调查》
（2010年日本金融广报中央委员会）

让孩子了解，世界上其他地区同龄的孩子过的是什么样的生活。

在尼泊尔，维持一所小学正常运转，每个月只需要5万日元。在盛产巧克力原料的非洲，当地的小朋友也会去采摘可可豆，但是这些穷苦的孩子从未品尝过巧克力的味道。在非洲，麻疹疫苗的售价大约是100日元。

同样数目的金钱，在不同的国家代表的意义却截然不同。要让孩子明白，他随意花出去的零花钱，如果放在别人手里也许能救人一命。

养成存压岁钱的习惯

父母打算限制孩子零花钱的时候，首先要得到周围人的理解和支持。如果夫妻、祖辈、亲戚之间意见相悖，很可能会出现被人拖后腿的情况。彼此之间的意见存在分歧，就像水桶上有个洞，所有的努力都会因此付之东流。

"他想要买那个玩具，你就给他买啊！"祖父母为了让孩子高兴，总是娇惯孩子。父母爱孩子，有时候也想通过金钱来表达。这是人之常情。

但是，从长远来看，用金钱表达对孩子的爱对孩子的成长没有好处。步入社会之前，孩子必须学会忍耐和放弃。所以父母一定要忍住，不要随便给孩子零花钱。

在这一点上，父母不仅要得到周围人的理解，还要争取孩子的理解。

让孩子从小就能明白，压岁钱可以存起来供以后使用，这一点非常重要。在孩子小的时候，父母就要开始培养孩子把部分压岁钱存起来的习惯。

父母可以帮孩子把压岁钱分成两份，一部分存起来，一部分让孩子自己支配。但是，也要防止孩子随意乱用可支配的零花钱，不能想到买什么就马上去买。可以让孩子把想买某件东西的念头放一放,一天或者一周之后,又或者更想要了,也许完全不想要了,如此一来,孩子就能明白自己是不是真的想要这个东西。如果真的想要,买来之后,孩子终于得到真正想要的东西,获得的快乐也会更多。

父母不能保护孩子一辈子,为了孩子的未来着想,应该引导孩子树立正确的金钱观。

父母可以这么做

孩子收到压岁钱时,父母应该让孩子学会感恩。

指导 1　收到压岁钱要心怀感激

孩子收到压岁钱时，父母要引导孩子心怀感激。

妈妈：今年是不是又从爷爷那里拿到了很多压岁钱呀？

孩子：是啊，和去年一样，只有不到 1 万日元。

妈妈：收到的压岁钱不到 1 万日元呀。

孩子：是啊，爷爷真小气。

妈妈：哎呀。真的是有点小气呢。收到爷爷的压岁钱时，感觉怎么样呀？

> 要表现出你和孩子想的一样。

孩子：当然是想拿到更多的压岁钱。

妈妈：这样啊，比期待的数目少呀。

> 通过孩子的话语，了解孩子的真实想法。

孩子：嗯，是啊。

妈妈：我明白啦。那你收到钱的时候，高兴吗？什么表情呀？

孩子：收到的时候很开心啊，笑嘻嘻的，但是看到里边的数目后，就有点不太高兴了。

妈妈：那么，妈妈问你，你说爷爷会怎么想呢？给了压岁钱，结果对方还是一副不太高兴的样子。

> 让孩子能够换位思考，引导孩子用客观的视角审视问题。

孩子：会觉得不高兴吧，想要把钱拿回来。可能会这么想。

妈妈：为什么呢？

孩子：因为，1 万日元也不算是小数目了呢。为什么给你钱，你反倒不高兴啊，这么想当然会生气了。

● 父母需要考虑的事

妈妈：这样啊。会生气呀。1万日元真的是不少呢。当时你表现得不太高兴，爷爷什么表情呢？

孩子：我因为不太高兴所以没太留意。爷爷好像也有点不高兴吧。

妈妈：爷爷和你刚刚的心情也是一样的哦。

孩子：嗯，感觉自己好像做了坏事。

妈妈：认为自己做了坏事呀。对于爷爷来说，1万日元真的是不少呢。

孩子：嗯，是不少呢。爷爷一直靠退休金生活，也没有多少钱。

妈妈：这样呀，那你现在是怎么看待这1万日元的呢？

孩子：妈妈，我可能很快就会用完。但是，想要给爷爷打电话，表示感谢。

妈妈：这样啊，真棒！你真是一个善解人意的好孩子啊！

> 让孩子对谈话进行总结，然后督促孩子采取行动。

生活中,要和孩子"谈钱"

不要避讳和孩子谈论金钱

和孩子一起旅行或制订旅行计划的时候,都是和孩子探讨金钱的好机会。

M 在超市买菜的时候,发现蔬菜的价格有所不同,就和小学三年级的孩子就蔬菜价格的问题展开了讨论。

"你知道为什么这个(无农药)蔬菜价格贵吗?"

"没有使用农药的关系吧。但是为什么贵呢?"

"没有使用农药的话,会怎样呢?"

"……"

"为了不让虫子吃掉蔬菜,所以只能由人亲手捕捉虫子。捕捉这些虫子是要花费很多人力的,所以蔬菜的价格就会贵。"

父母需要考虑的事

  耗费更多人力种出来的蔬菜，价格就会相对较高。带孩子买菜的时候，父母可以顺便给孩子分析价格不同的原因。

  F的儿子非常喜欢章鱼小丸子，于是F在孩子上小学二年级的时候，就借助章鱼小丸子帮助孩子理解价格的概念。在游戏中，假定一大箱章鱼小丸子500日元，把章鱼小丸子分到两个小箱子里。对于孩子来说，不过是把章鱼小丸子分成几份而已。在孩子还不能理解金钱概念的时候，要在孩子切实体验的基础上制定基准，这样做比简单的说教更容易帮助孩子理解价格的概念。

  生活中也会有不如意的事，比如家人生病，或者父亲面临失业，甚至遇到灾害，对于那些意料之外的需要花钱的地方，不要对孩子三缄其口。父母不想让孩子担心，这种心情可以理解，但是这其实也是一个让孩子学习和家庭成员团结一致、一起努力的好机会。如果父母能够耐心地和孩子讲解，孩子也能理解。

利用电视和新闻

只要稍加思考就会发现，其实身边的很多事物都能成为对孩子进行金钱教育的素材。其中最常见、最恰当的莫过于电视上的新闻和广告。

"便利店遭遇强盗！强盗夺走 2 万日元后逃跑了！"

"地价高涨！"

"某省干部涉嫌贿赂被捕。"

● 父母需要考虑的事

"社会保险厅的疗养设施被卖掉。"

"公务人员利用道路专用经费组织免费旅行。"

父母和孩子去讨论这些话题，不仅能帮助孩子了解经济，还能帮助孩子认识社会现状。每天，媒体报道中都会有可供讨论的素材，让我们一起和孩子来寻找适合讨论的话题吧！

大家有没有想过，奥林匹克运动会举办地就是一个十分值得讨论的话题。

"很多人都希望自己所在的城市能举办奥林匹克运动会，知道为什么吗？"

"因为举办了奥林匹克运动会，世界各地的人都会聚集到这里。这样一来，酒店就会迎来很多客人，本地的商店也会卖出更多土特产。这些都能带来经济效益。"

"银行账户诈骗，骗了很多老年人。瞄准老人行骗的人都是些什么人啊？"

"欺凌弱小的家伙都是卑鄙小人。"

金钱有很多用处，但是也会迷惑人心。也让孩子来思考一下金钱的可怕之处吧。

父母可以这么做

遇到涉及金钱的问题，不要回避，可以开诚布公地和孩子谈一谈。

附 录

和钱有关的词语

谈论金钱的时候，会遇到和金钱相关的词语。如果孩子了解了这些词语的意思，那么孩子在电视、广播中听到这些词的时候，就会自然而然地产生兴趣。父母可以让孩子了解这些词的意思，让孩子尝试去使用这些和金钱有关的词语。

收入	从别的地方得到的钱。
支出	付出去的款项。
薪水	通过工作获得的金钱报酬、工资。
报酬	由于使用别人的劳动、物件等而付给别人的钱或实物。
消费	为了生产或生活而消耗的物质财富。
存储	把金钱之类的财物存起来。
积蓄	积存的钱。
存款	存在银行之类的金融机构的钱。
存折	银行向储户提供的作为凭证的小本子。
利息	因存款、放款得到的本金以外的钱。

● 父母需要考虑的事

利率	利息和存款本金对应的比率。
现今贷款	金融机构面向个人提供的金融借贷服务。
银行卡	替代支付现金时使用的卡片,由银行发行。
信用	银行借贷或者商业上的赊销、赊购。
信用卡	银行发给储户的一种代替现款的消费凭证。
信用卡购物	先用信用卡预支信用购买,次月还款的购买方法。
贷款	银行或者其他金融机构借钱给用钱的部门或个人。
月付	按月分摊付款金额的支付方式。
分期付款	所有的钱分批次进行支付。
定额支付	与月付不完全相同,是每个月按自己事先设定的金额付款,直到全部付清为止的支付方式。
租金	租借物品时应给付的费用。
无抵押小额消费贷款	以职工、主妇、学生为对象的无担保小额融资,利息很高。
金融机构	进行金钱融通的机构。借贷、存款的地方,比如银行等。
融通	金钱和物品之间的交换。
担保	借款时,考虑到可能出现对方无法偿还的情况,需要借款方提供保证。
抵押	借钱的人在没办法偿还欠款的时候,按照约定可以由借出金钱的一方自由处置的财产和权力。
破产	丧失全部财产。
倒闭	企业因严重亏损而停产停业。
投资	对于看好的企业进行金钱的资助。

价格	用金钱数额表示的商品价值。
价值	物品的价值,由用途决定。
货币	交换商品的媒介。由政府发行的金钱。金属制作的硬币是金属货币,纸做的是纸币。
通用货币	一个国家通用的币种。通货政策是指压缩货币供应量,对国内的经济状况和金融机构进行管理、调节的政策。
兑换	无需运送现金就可以结算两地金钱关系的方式。使用票据、凭证等。
票据	约定或委托在规定日期、场合支付一定金额的有价证券。
股	股份和股票。
股票	股份公司发布的证明股票持有的有价证券。
股份	股票持有者的权利。股份公司的资本单位。
股东	持有股份的人。
股份公司	通过发行股票来筹集资金开展经营活动的公司。
利润	赚来的钱。
需求	需要买入的商品。
供给	在市场上出现的商品。
市场	售卖产品的场所。
赊账	卖方先交物品后收钱的信用销售方法。
赊购	先取得物品后付钱的购买方法。

● 父母需要考虑的事

训练

1

寻找和金钱相关的话题
扩展对金钱的认识

世间有很多和金钱相关的话题。为什么这些事和金钱有关,和孩子一起寻找答案吧!

需要准备的东西

- 报纸、杂志
- 荧光笔、彩色记号笔

方　法

① 在报纸和杂志上寻找和金钱相关的报道。
② 用记号笔把和钱有关的报道标记出来。
③ 就报道内容中和钱有关的部分,与家庭成员一起展开讨论。

31

教孩子学习和金钱相关的等式

金钱是用来交换什么的

虽然大家都觉得钱好，但是如果有人无缘无故地给了你一笔钱，恐怕你会心存疑虑：对方想拿这个钱和我换什么呢？之所以会产生这样的疑问，正是因为你知道：金钱是需要用其他东西进行交换的。

父母要尽早让孩子了解等价交换的概念，以防孩子将来落入负债累累的境地。

让孩子从小就明白：没有人会无缘无故给你钱，在不知道别人目的的情况下，不能收下貌似白给的这笔钱。

等到孩子进入高校，成为大学生的时候，可能会受到很多诱惑，比如：

"介绍朋友来当会员，每个月都能收到报酬。"

"可以简单轻松地赚钱哦。"

如果孩子轻信这样的话，很可能糊里糊涂地从事非法勾当。

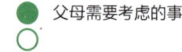
父母需要考虑的事

"免费海外旅行,不收一分钱,只要帮忙带东西过去就可以哟。"如果孩子禁不住这样的诱惑,可能会成为毒贩的帮凶。

父母要让孩子从小就明白,金钱是需要交换的。

父母要告诉孩子:

"去店里买东西,要付钱。"

"你之所以能去学校读书,也是因为爸爸妈妈帮你交了学费。"

父母可以这么做

父母可以找一个恰当的时机,告诉孩子金钱到底是什么,工作到底是什么……掌握这些概念对孩子大有帮助。

训练

2

寻找免费物品

思考经济结构的构成

虽然人们常说"天下没有免费的午餐",但是这个世界也有免费的东西。父母可以让孩子思考一下,为什么会有免费的东西,以及这些东西为什么会免费。

问题示范

① 为什么街头会有人免费派发纸巾?
② 为什么店里会有杂志供人免费拿取?
③ 为什么很厚的电话黄页会不要钱?
④ 为什么只要提供对新购入商品的评论,就可以免费获得那些东西呢?

答案:
① 纸巾是广告宣传品,因为纸巾中夹有公司的宣传传单。
② 因为杂志的出资者,是在杂志中刊登的相关公司的广告宣传者。
③ 电话黄页的出资者,是在黄页上打广告的企业,所以费用已经包含在广告费用里了。
④ 因为为了招揽顾客,商家将这些免费样品作为对广告消费者的广告宣传费。

● ● ●
父母需要考虑的事

向孩子传递金钱的价值

假如孩子偷拿了家里的钱

如果孩子一心想要得到自己想要的东西,却不愿意自己一点点攒钱购买,很可能会在欲望的驱使下偷拿家里的钱……不要觉得你家肯定不会遇到这种情况,其实这种麻烦并不少见。孩子可能会觉得,偷拿家里的钱去买东西没什么大不了,因为"反正是自己家的钱"。但是,孩子的这种行为往往会给父母带来沉重的打击。几乎所有的父母都自信地认为:这种事情肯定不会发生在我家孩子的身上!

O有个读小学五年级的女儿,O在女儿的房间里看到了最新的漫画书,以及自己没见过的鞋子和羊毛衫。

O心里很纳闷,自己没给孩子买过这些东西,那是女儿自己买的吗?她花的是哪里来的钱呢?于是O去问女儿,女儿说,和朋友借钱买的。O心里想,这怎么行。于是她愧疚地去女儿的朋友家负荆请罪。万万没想到,对方竟然说:"这是你家孩子自己花钱买的呀。"恰巧,

自己的女儿这个时候打来电话，嘱咐朋友要在自己妈妈面前"随机应变"。

O一家祖孙三代住在一起，生活费都放在抽屉里，方便需要的人随时拿取。于是O想到，孩子一定是偷拿了抽屉里的钱。

孩子的祖父母很大方，一旦发现抽屉里的生活费不多了，就会自己添钱进去。所以O才一直没能发现孩子拿过抽屉里的钱。发现这件事之后，O很震惊，差点儿没哭出来。"再也不能有第二次了！"O不但严厉地训斥了孩子，还向孩子解释为什么不能这么做。

无独有偶，A上小学四年级的儿子，也为了心心念念的游戏卡片，动用了"家庭旅行"的款项。

孩子因为太想买游戏卡片，所以偷拿了箱子里的钱，而且拿的还

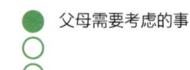

不少，竟然有6000多日元。这么一大笔钱都用来买游戏卡片了。

A问孩子为什么这么做，其实孩子自己也觉得这样不好，但是因为太想要卡片，没忍住。这件事让A颇受打击，甚至因此消瘦了不少。虽说孩子拿的是家里的钱，但是擅自拿钱就等于偷窃，是很不好的行为。为什么这样不行，为什么父母会生气，以及为什么父母对此感到非常失望，A把这些问题详详细细地向孩子解释了一番。

A和孩子约定，孩子要用自己的零花钱把之前偷拿的钱补上。接下来，孩子每个月都要拿出零花钱的一部分还钱，就这样过了几个月，孩子终于把所有钱都补上了。

孩子自己不知道偷拿钱的严重性，父母就要详细地对孩子解释清楚，孩子才能意识到自己的错误。

遇到这种情况，不要一味地批评孩子，要化危机为机遇，因为这正是和孩子谈论金钱的好机会。

◇那些钱是用来做什么的？

◇现在你觉得自己偷偷拿钱的行为是不是不好？

◇你觉得现在该怎么办？

父母可以和孩子多讨论这方面的问题，把握家庭中帮助孩子成长的机遇。

如何让金钱发挥应有的价值

A的女儿上小学一年级的时候，女儿的朋友来家里玩。女儿的朋友是一个很有心眼儿的小女孩儿,在 A 家一个劲儿地拜托她多拿些零食出来,还洋洋得意地说:"在别人家多吃零食,这样就能省自己家的钱了。"

这个小女孩儿似乎很有心眼儿,但是如果一个人经常这么做,将来肯定会被别人讨厌,朋友也会离他而去。父母要让孩子明白,钱确实重要,但是还有比钱更重要的东西。

一个人如何支配金钱,恰恰能映衬出他的品行。金钱教育,其实也是品行教育。

不能用金钱来衡量人的价值,钱只是工具。父母要让孩子意识到,懂得为别人花钱也很重要,要教会孩子如何让手里的钱变得更有价值。

金钱教育,其实是品行教育

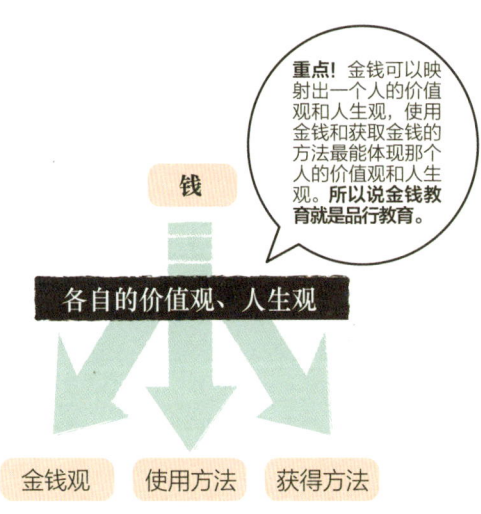

● 父母需要考虑的事

体现人格和品行

迫于房贷压力，S家的生活一直过得紧紧巴巴的，但还是会省出一部分钱组织家庭旅行。和家人一起欣赏美景、一起旅行的体验是多少钱都换不来的。这些美好的回忆非常值得投资。

M每周都会专门请人帮忙打扫房间，为的是利用闲暇时间多陪孩子玩。请人打扫也是一笔不小的开销，但是在M看来，有时间和孩子一起玩耍更重要。这样做也能让家人感到幸福。

父母可以这么做

钱不是只有一种花法，父母可以多和孩子讲讲各种成功或失败的花钱案例。

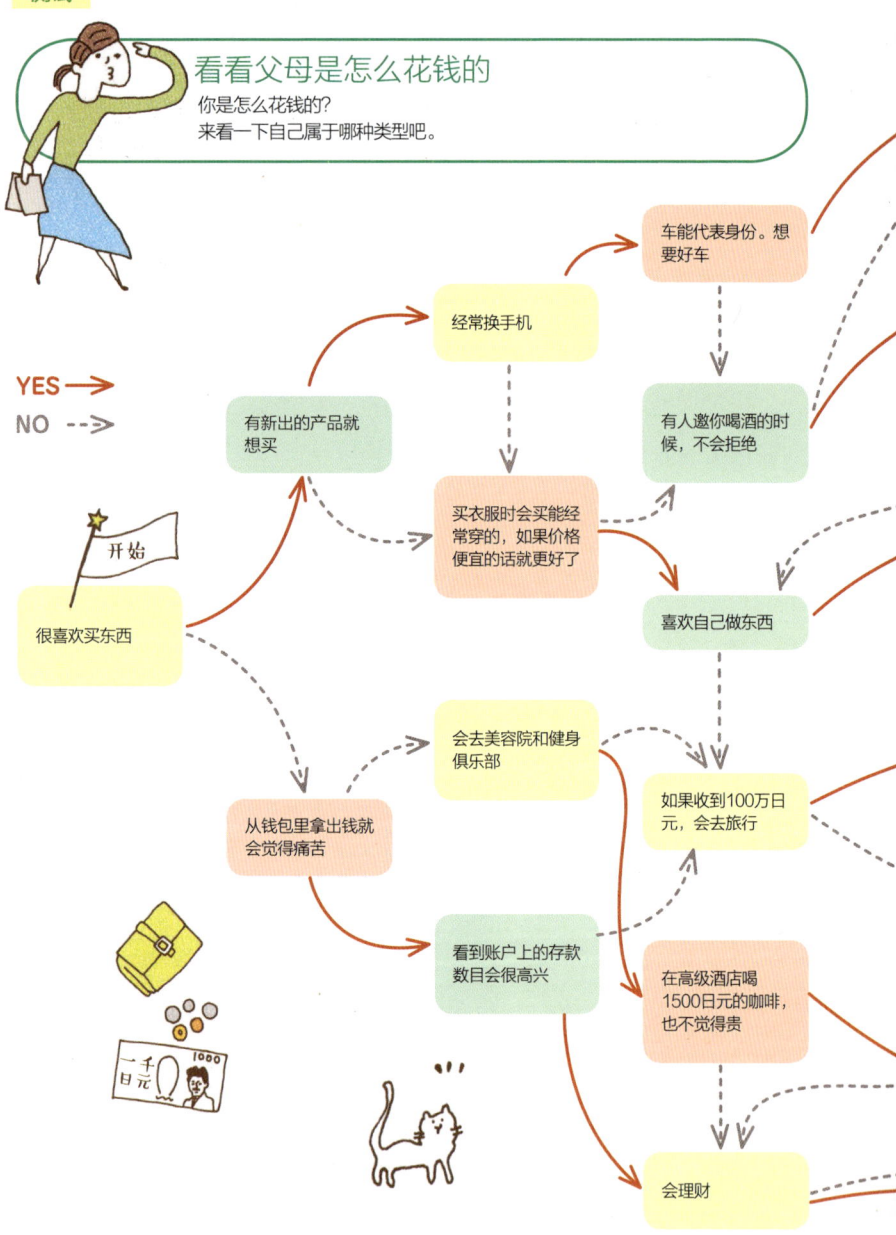

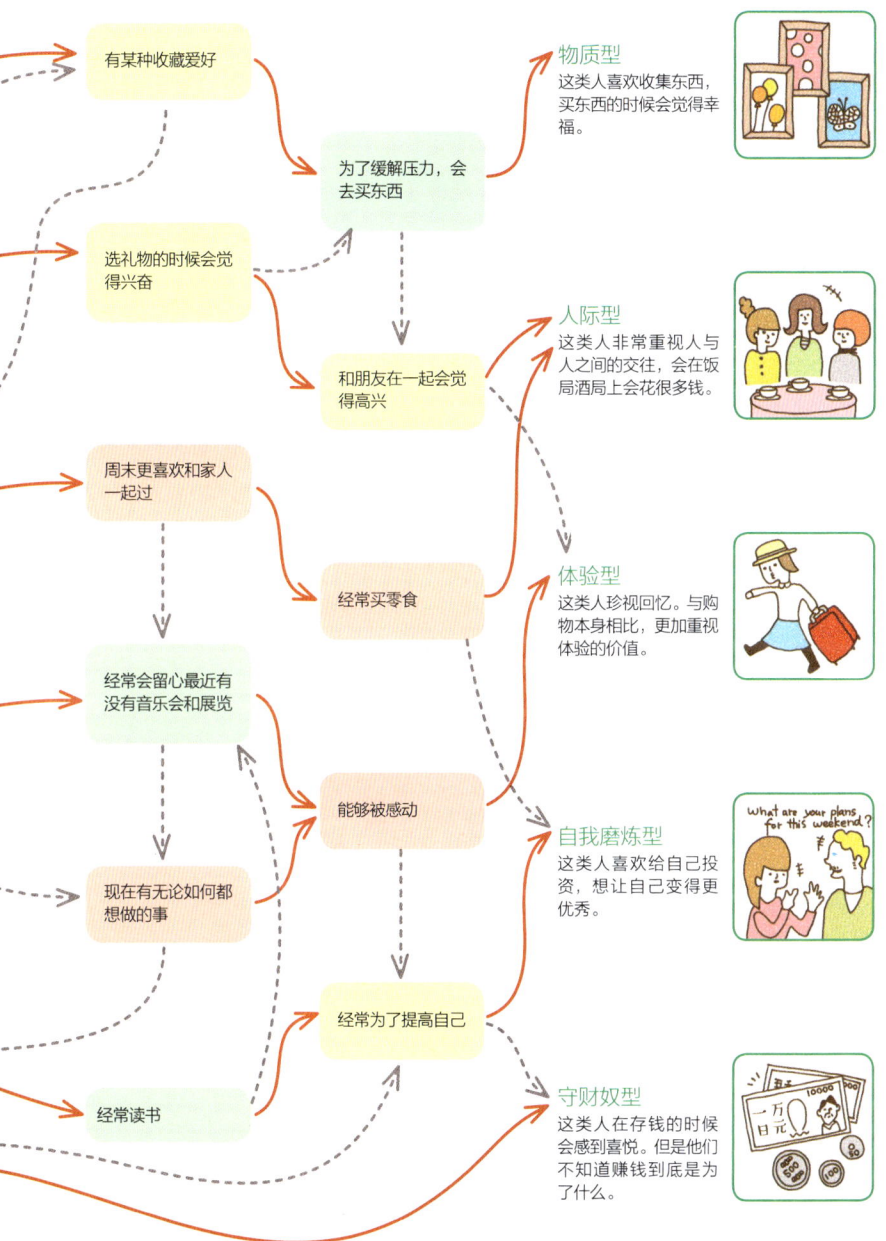

对待金钱要慎重

现金

在现在的日常生活中,消费的时候可以用信用卡、借记卡替代现金进行支付。网络消费中可以使用电子货币。父母的工资也是通过银行直接存到工资账户,只要看看存折或工资卡就能知道里边存了多少钱。不仅如此,手机支付也越来越普及了。

现在出门,不带钱也无所谓。有些人反而觉得带着很多钱既危险又不方便。在现实生活中,需要用现金支付的情况越来越少了。

过去,买房子付首付时,大家都会忐忑不安。从银行里取出几百万日元带在身上,紧张的心情可想而知。怀里揣着钱,浑身绷得紧紧的。光看个人账户上的数字是无法体会到这种心情的。把钱拿在手里,才会更深刻地体会到存钱不易。

努力工作来换取现金,就能对劳动产生敬畏之心。

因此,偶尔也让孩子实实在在地体会一下手握现金的感觉吧。

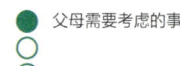
父母需要考虑的事

认识现金

让孩子学着数钱吧。可以让幼儿园、小学低年级的孩子接触面值不同的现金。

让孩子认识一下现金的种类和面额吧。

中国现在流通着六种金属货币和八种纸币。

金属货币：1分、2分、5分、1角、5角、1元

纸币：1角、5角、1元、5元、10元、20元、50元、100元

○ 让孩子了解不同面额现金之间的关系

10张1元就是10元。年纪比较小的孩子拿到10张10元，会觉得比1张100元的数目大。这个时候，父母要耐心教孩子理解不同面额现金之间的关系，还可以让孩子了解1、10、100、1000、10000这些数字之间的关系。

○ 思考金钱的价值

孩子掌握了不同面额现金之间的关系后，可以让孩子自己思考这笔钱用来买什么。给孩子一些钱，让他去试试吧。

○ 耐心教导孩子如何收纳现金

平时把钱放好，才能不浪费钱。所以，父母要教会孩子：收到钱之后要把钱好好收起来，不要随便乱放。

就算是1分钱也要珍惜

父母常说："要珍惜每一分钱！"其实这句话表达的意思是：要珍惜每一分钱背后付出的劳动。

训练 3

什么颜色？
硬币和纸币中包含的重要意义

父母教孩子认现金的时候，不能只教孩子认识现金的面值。钱上有很多值得学习的地方，比如现金上印刷的图案和水印等，要让孩子了解现金中包含的重要意义。

需要准备的东西

- 1元、5元、10元、20元、50元、100元

做法

① 父母可以把纸币一字排开，和孩子一起边观察边讨论。
② 父母和孩子一起认识不同纸币的颜色和图案。

第五套人民币各面额正面均采用新中国成立初期毛泽东同志的头像，底衬采用中国著名花卉图案，背面主景图案各有不同。

- 1元：　　　　橄榄绿色，三潭印月（杭州），兰花水印
- 5元：　　　　紫色，泰山（泰安），水仙花水印
- 10元：　　　蓝黑色，长江三峡（重庆），月季花水印
- 20元：　　　棕色，桂林山水（桂林），荷花水印
- 50元：　　　绿色，布达拉宫（拉萨），毛泽东头像水印
- 100元：　　 红色，人民大会堂（北京），毛泽东头像水印

孩子现在没有能力赚钱，父母可以先给1角、5角这样的小钱，培养孩子对金钱的感觉。

给孩子准备一个透明的瓶子，这样孩子就能看到存了多少钱，能更有效地存钱。

"如果把这个瓶子装满，会是多少钱呢？"

"存起来的钱打算怎么用呀？"

伴随着把钱放到瓶子里的声音，孩子就能体会到什么叫"积少成多"。如此一来，就算1角钱也不会浪费。

父母可以这么做

让孩子了解金属货币和纸币，让孩子认识到把钱收好的重要性。

● 父母需要考虑的事

思考：钱买不来什么

用钱买不来的东西是什么呢？

这个时代，只要有钱就能吃到更好的东西，住更舒适的地方，能进行豪华旅行，出入可以搭乘高级轿车，也可以请人来做家务，去做按摩……金钱能买到多种多样的服务。孩子也可以买昂贵的游戏软件和变速自行车，穿好看的球鞋。每个人都有很多想要的东西，所以不论是大人还是孩子，自然会产生想要更多钱的念头。

但是，如果太忙了，没有花钱的时间，如果没有家人和朋友的陪伴，只是独自一人，即便有很多钱，生活依然会寂寞。人生在世，没有钱，肯定会遇到麻烦，但是就算有很多钱，也不一定会幸福。

这是因为，有些东西是无论多少钱都买不来的。

和家人和朋友的回忆，能用钱买来吗？人心、友情、健康，这些东西是就算花钱也买不到的。

对于你来说，钱买不到的东西是什么呢？

"钱能买到什么？"

"钱买不到什么？"

和孩子一起把讨论结果写在纸上。写下来的这些内容，能让你发现真正的幸福所在。

M非常珍惜与家人、孩子在一起的时间。她的孩子曾经对她说："不管出自多么高级的料理店，都没有妈妈做的菜好吃。"

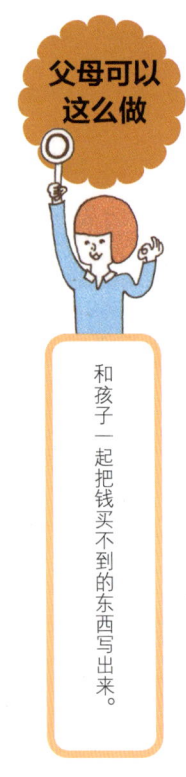

父母可以这么做

和孩子一起把钱买不到的东西写出来。

父母需要考虑的事

3

有计划地支配金钱

有钱才能生存

让孩子了解每个月的花销

要多少钱才能维持生活呢？孩子知道这个问题的答案吗？

水、电等能源是我们在生活中经常会忽视的几项基本需求，但是如果有一天这些东西突然消失了，我们就会发现，它们如此不可或缺。大米、肉、鱼、蔬菜等食品，以及日常生活用品、衣服、教育、通讯、医疗，这些都需要花钱才能得到。单单是维持基本生活所需的费用，就已经是一大笔了。

A上了大学之后，开始一个人生活。他这才发现，不仅自己的衣、食、住、行需要花钱，还要缴纳养老保险，于是他终于意识到：人只要是活着，就要花钱啊。

为了做到花钱有计划，S把不同用途的钱分别装到不同的袋子里。这样一来，每个月哪一项花了多少钱就能一目了然。父母这么做，也能让孩子意识到，自己的零花钱到底是从哪儿来的。

● 有计划地支配金钱

父母可以和孩子一起统计家庭开销，孩子会把这件事当成一个有趣的游戏。

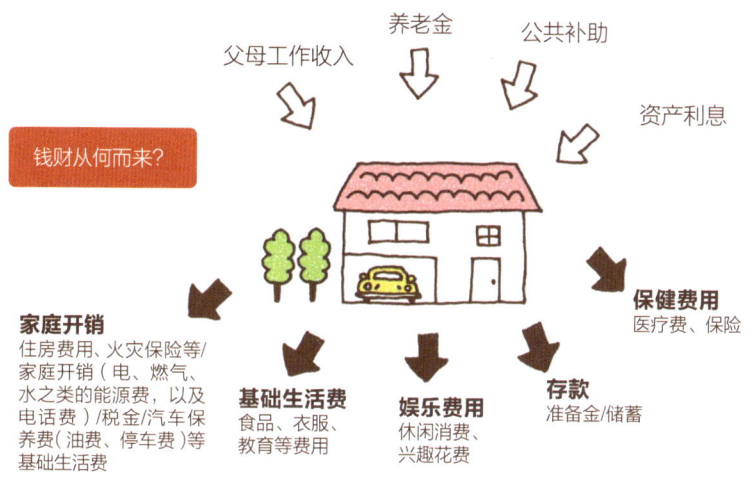

父母应该让孩子知道钱都花在哪里了。

把每个月的电费、燃气费、水费加起来，就能知道家庭每个月在能源上花了多少钱。如果把这个费用平均分到 30 天里，就能知道每天的能源费大概是多少钱。

接下来，可以让孩子来算一下：泡一次澡，大概要花多少钱呢？

洗澡需要燃气和水。如果洗澡的费用占每个月能源费用的 30%，假设燃气费是 7000 日元，水费是 5000 日元，那么泡一次澡的费用是多少呢？

（7000 日元 +5000 日元）× 30% ÷ 30 天 =120 日元

差不多等于一袋薯片的钱。

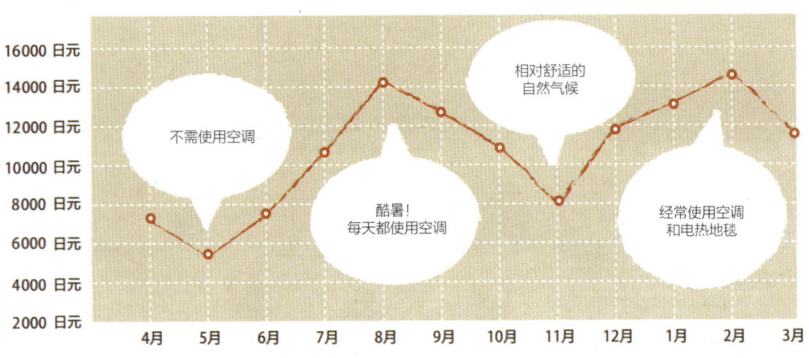

一年内电费的变动

如果对照收据，按月份统计一年的电费，就能看出电费的季节性变动。

"为了不让浴盆里的水变凉，持续注入热水，可能会多花费 20 日元。"

"如果一直开着淋浴喷头，可能又要多花 30 日元。"

父母可以在日常生活中培养孩子这些意识，下一个月可以通过家庭账本来确认开销。

S 会把食品费用计算出来，这样就能让孩子明白"相同的食物，在外边吃会比在家里吃的花费高。"

有计划地支配金钱

把能源费、蔬菜、肉、鸡蛋等费用贴在孩子能看到的地方，这样孩子就能更好地理解价格的实际意义，父母也可以借此让孩子切实地感受钱财的来龙去脉。

2014年日本家庭的收支情况

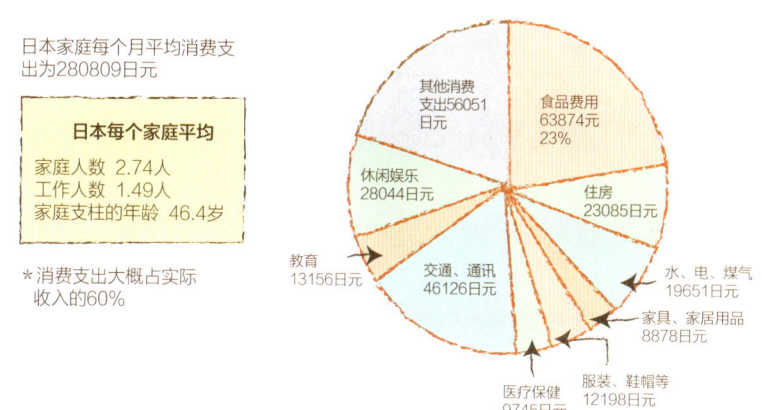

数据来源：《家庭花费调查年报》(2014年，日本总务省统计局)

意外开销

生活中肯定会出现意外情况，比如疾病，家用电器需要更换，参加结婚典礼和庆祝仪式等，遇到这种情况就会产生意料之外的开销。父母要告诉孩子，我们要为这些随时可能出现的"意外开销"做好准备。

这样一来，孩子就能意识到：不能把手里的钱全花掉，要留有余裕。

为了应对这种"意外开销",储蓄是很有必要的,父母可以和孩子一起针对第 53 页列举的收支关系展开讨论。

父母可以这么做

父母应该告诉孩子,他吃的东西、生活需要的水电燃气,都是需要花钱才能得到的,让孩子意识到,日常生活中的很多必需品都是付了钱的。

有计划地支配金钱

训练 4

自己的钱

计算个人生活成本

该项训练的目的，是为了让孩子意识到钱的重要性。在进行训练的过程中，如果孩子不清楚下一步该怎么做，父母可以给予建议和指导。这个训练可以让孩子来计算一下自己到底花了多少钱，加强孩子对金钱的理解和感受。

需要准备的东西

- 下附的表格
- 记笔记的工具

做法

① 在第一栏中写下该项目对应的明细，第二栏内写下一个星期内对应项目的花费。
② 父母可以让孩子用计算器算出金额。
③ 填写表格的时候，父母可以和孩子一起讨论。

项目	明细	金额
居住费		
能源费		
电话费		
食品费		
服装费		
学费		
医疗费		
培训费		
零花钱		
合计		

训练

5

18岁,开始计划旅行

将生活费具体化

等孩子到了18岁,就可以独立了。为了让孩子切实地感受将来的独立生活要面对什么,现在就可以进行一些独立模拟训练。父母可以问问孩子,将来想住在哪里,想住多大房子,希望生活在怎样的环境中,等等。在训练的过程中,一定要注意保证整个过程轻松愉悦。通过这个模拟训练和训练中的简单问题,孩子对于金钱的认识可能会更加完善。

需要准备的东西

◦ 下附表格　　◦ 记笔记的工具

做法

父母可以让孩子在这个表格中写下明细,以及每个项目所需的金额。

* 对于房租、水电费这类信息,可以参考互联网上的信息,也可以参考自己家庭的实际情况填写。填写的数据要尽可能贴近现实,不要夸大。

项目	明细	金额
房租		
水费能源费		
食品费		
服装费		
医疗费		
交通通讯费		
教育娱乐费		
杂费		
税金		
其他		

● 有计划地支配金钱

收入来源

通过劳动，才能赚取薪水

怎样平衡收入和支出的关系呢？

父母要向孩子说明：薪水是父母通过辛勤劳动换来的钱。要让孩子明白，在这个社会上，不存在不劳而获的"好事"。

收入有多种来源

我家的收入有多种来源，比如工资收入（家务劳动也算工作）、投资理财的收入（存款的利息和租房的收入）等。父母可以把家里的各项收入告诉孩子，帮助孩子更好地理解金钱的来源。

父母要让孩子认识到，只有收入能够负担支出，才能维持生活。

等孩子上了小学高年级，父母可以问问孩子："如果家里的收入来源突然消失怎么办？"

面对这个问题，M家的小孩是这样回答的：

"没收入来源的话，就没法付水电费和能源费，没办法做饭，上厕所后也没办法冲水。买不来想吃的东西，我肯定会肚子饿。学费也付不起，我就不能去上学了。而且，还没钱买新衣服。"

孩子想不到的方面，父母可以给孩子举出一些具体的实际例子，让孩子想想这个时候该怎么办。但是要注意的是，父母要给孩子充分的时间思考。

买不起的东西，不能买

上中学一年级的 R 在和朋友逛街的时候，看到喜欢的商品正在打 5 折。虽说在打折，可依然很贵。于是，R 向朋友借钱，买了将近 5000 日元的裤子。节俭的妈妈知道这件事后，觉得难以置信，孩子平时出门只带些零钱，怎么会买这么贵的裤子呢？

"你买不起这么贵的裤子啊。哪里来的这么多钱呢？"问了孩子才知道，原来是向朋友借钱买的裤子。

如果孩子养成随意借钱的习惯就麻烦了，所以妈妈让孩子把裤子拿去退掉。妈妈觉得有必要让孩子现在就明白，不能借钱买自己买不起的东西。

不能买自己买不起的东西，如果遇到实在想要的东西，正确的做法应该是从现在开始攒钱，等钱攒够了再去买，而不是借钱去买。

如果孩子养成了钱不够用就借钱的习惯，那孩子就无法形成清醒正确的金钱观。

T采取了通过饮食来培养孩子金钱观念的方法。她将每个月的食品花费预先计算好，再放到一个袋子里。一个月的食品花销都从那个袋子里拿。平日里，T会发挥她主妇的才能，用有限的金钱做出好吃又实惠的料理。等到发薪日那天，她会准备很多大家都喜欢吃的东西，制作丰富美味的料理，这样一来，孩子们也会非常期待发薪日的到来。

T认为，这样能让孩子学会感恩，感谢父亲辛苦挣钱。通过餐桌培养孩子金钱意识的方法既自然又让孩子体会深刻，到了父母的发薪日，孩子会格外开心。

父母可以用这种方法，让孩子意识到金钱的重要性，让孩子能够切实地感受金钱充裕和短缺时的区别。

父母可以这么做

父母可以偶尔和孩子谈谈，万一没钱了怎么办，让孩子重视"收入来源"。

训练

6

偶尔也要吃粗粮
培养收支意识

如果在食物安排上有所变化，所有家庭成员都能更深刻地感受到发薪日的快乐。孩子能够通过这种安排，直观地体会到有收入和没有收入的区别。这样孩子就能更加珍惜薪水和劳动的价值。

需要准备的东西
- 日历
- 笔

做 法

① 父母可以在家里合适并显眼的位置，贴上日历，把发薪日标记出来。
② 在发薪日前后，可以安排不同的食物，日常饮食可以安排得简单朴素一些。
③ 父母要让孩子了解到，通过劳动赚钱，才能买到丰富的食物。

例 父母可以在发薪日前一周，逐渐降低餐桌上的伙食标准，多准备些腌菜、豆制品、泡菜、纳豆这类简单朴素的食物。在发薪日的前一天，为了做出强烈对比，简单地准备一汤一饭就好。
父母要在发薪日当天，准备家里人都喜欢的食物，食物种类要丰富。

注意事项

父母要引导孩子，在生活中对挣钱养家的人表示感谢。

● 有计划地支配金钱

和孩子谈谈工作

工作日——参观父母工作

因为工作性质的缘故,我常在家写稿。这样一来,孩子们都知道我是从事什么工作的。但是孩子们都答不出他们的爸爸是做什么工作的。如果问孩子,爸爸在公司做什么,孩子们只会说,爸爸在公司用电脑工作。

父母可以试着用孩子容易理解的说话方式,帮孩子了解自己的工作。

日本很多地方都有开放父母工作日的习惯:在特定的日子,孩子可以到父母的工作场所,看父母是怎样工作的。比如,坐在父母的办公室,在旁边看父母办公;坐在副驾驶座位上,和父亲一起送货;坐在公交车驾驶席后边,看父亲开车,体验公交司机的日常,等等。在开放日那天,很多工作场所都能看到孩子的身影。

在日本,孩子平时没什么机会去父母的工作场所。如果能让孩子亲眼看到父母工作的情形,孩子也能更深刻地体会到父母养育自己的不易之处。这样一来，在日常生活中，孩子也会回想起父母努力工作的情形。

你和孩子讲过关于工作的事吗？

父母可以和孩子讲一讲，为了支持家庭开销，自己在做什么样的工作。作为孩子的长辈，父母如果能对孩子讲讲有关工作的事，孩子就能对工作有更深刻的认识，对将来步入社会大有帮助。

有一天，S一边读新闻一边抱怨石油价格上涨，竟然意外地听到孩子问他："怎么了，爸爸的公司是做化纤产品的吗？"这件事让S觉得非常不可思议。

"爸爸在生产化学纤维的公司工作，生产原料是石油。工厂设在国外，把做好的成品送过来也需要燃料。石油价格上涨，原料和运输费用都会上涨，所以公司产品的价格也会上涨。但是，如果产品价格上涨太多，顾客可能就不买了。公司的产品卖不出去，收不回成本，就发不出工资。如果爸爸拿不到工资，我们的生活会变成什么样呢？"电视上出现的一则新闻也能对我们的生活产生重大影响，如果你不和孩子说明，孩子光靠自己琢磨就可能无法理解其中的关联。所以说，父母向孩子解释工作和社会的关系，是一个让孩子接受相关教育的好机会。

有计划地支配金钱

和孩子说说工作上的事

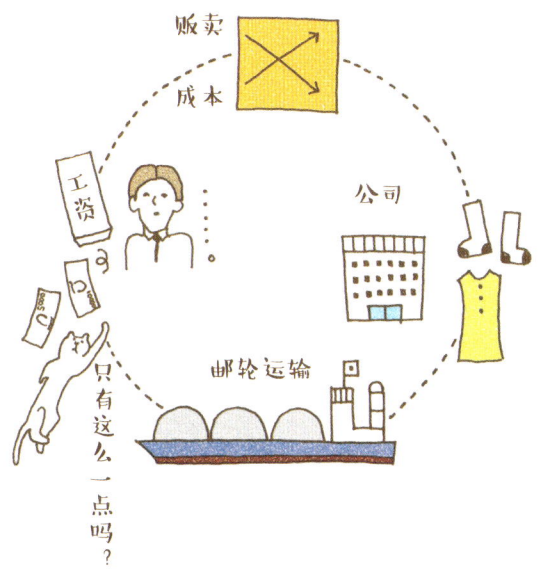

成立于 2006 年的"Kidzania 东京",是面向孩子开放的主题乐园,孩子们可以在这里亲身体验各种职业。孩子可以选择职业,用赚来的钱买东西,也可以把自己工作赚来的钱存起来。主题乐园中包含了 60 多种职业,比如消防员、警察、法官、记者等。孩子可以穿着和现实中差不多的制服体验各种职业,还可以在这里阅读相关书籍,利用主题乐园中的各种设施,设想自己未来从事的职业。

"长大后,想要做什么呢?"

父母可以这么做

成年人都对自己的事业（工作）抱有憧憬，也要让孩子心怀梦想哟！

"想要从事什么样的工作呀？"

"什么工作会让你觉得开心呢？"

在中国，也有许多类似的儿童职业体验机构，孩子可以自己找出以上那些问题的答案。

社会上的职业多种多样，每一种都很重要，没有高低贵贱之分。父母要让孩子意识到，努力工作不仅能换来生活所需的金钱，还能为社会做贡献。

● 有计划地支配金钱

训练

7

Hello~ Work~

想想他是干什么工作的

"爸爸妈妈是做什么的?""附近有哪些工作场所呀?"父母可以从多个角度提出问题,让孩子思考从事不同职业的人是如何赚取薪水的。

做　法

① 下面图片中的人都是做什么工作的? 他们靠什么赚钱?
② 父母可以对孩子说说,父母、亲戚、邻居都是做什么工作的。

打零工赚钱

打零工的美国孩子

在美国住宅区的街道，经常能看到写着"洗车"之类字样的广告牌。这是让孩子们进行社会实践的广告。

有一天，听到门铃响了，我去开门，发现门外站着一个卖饼干的小女孩。

"要买饼干吗？这是义卖，我们要为慈善机构筹款。"

小女孩挨家挨户卖饼干的时候，她的妈妈默默地站在她身后注视着她。

美国的小孩在很小的时候就开始打零工赚钱了。大部分孩子会选择除草、送报纸之类的简单工作。每到夏天，就会有孩子在住宅区街道旁卖柠檬水。孩子到13岁左右上了中学，就能做照看小朋友的工作了。

美国很多学校都设置了"儿童看护"的课程，并会为完成这项课程的孩子颁发技能认定证书。拿到证书的孩子，就能凭借这项技能在

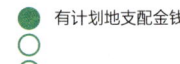
有计划地支配金钱

自己家附近找儿童看护的工作。很多在美国上学的孩子都参加了这项课程。

美国非常看重孩子的社会实践经验，让孩子通过自己的劳动获取报酬，对于培养孩子经济独立和精神独立都非常重要。打零工不仅能让孩子赚钱，还能培养孩子的"责任感"。孩子把自己辛苦挣来的钱奉献给别人时，就会更加深刻地认识到慈善的意义。

家里也可以打零工

只有通过劳动赚取报酬时，孩子才能真正明白金钱的意义。

我的女儿上了高中之后开始打零工。高中学习十分紧张，女儿只能利用放学后的时间。其实打零工赚不了多少钱，但是她能够通过劳动更深入地理解金钱的意义。孩子体会过打零工的艰辛之后，每次她得到零花钱都会对大人表示由衷的感谢。因为孩子能意识到，她手里的零花钱都是爷爷奶奶从养老金里省出来的。看到孩子现在接零花钱时表现出的恭敬谦卑，我深深觉得，打零工的经历对孩子的成长大有裨益。

与欧美相比，日本孩子打零工的机会少之又少。很多父母希望孩子在学龄时期专心学习，顶多参加点社团活动，他们会觉得自己的孩子在这个时候打零工是在浪费时间。他们认为如果孩子热衷于赚钱，就是在舍本逐末。

既然打零工机会少,那么父母就在家里让孩子体验吧。

I就常给孩子提供在家打零工的机会,比如给爸爸拿冰啤酒。做一次这样的小事,孩子能拿到10日元。孩子帮爸爸拿一次啤酒就能赚到一个口香糖的钱,自己也觉得付出的劳动得到了回报。

我认为,作为家庭成员,孩子本来就应该帮忙分担家务,所以让孩子完成洗餐具、取报纸、清理澡盆这类的工作,我是不会给孩子钱的。但是日常生活中出现频率较低的家务,我就会给孩子报酬,让孩子体验打零工赚钱的感觉。

兼职和跳蚤市场

除了让孩子在家里打零工,我还建议家长们给孩子找一份兼职,或者让孩子去跳蚤市场卖东西。

S在家里给孩子安排了诸如整理说明书、把物品放到规定的箱子里这样的工作。孩子放学回家后，会主动把小书包放到规定的地方。S每次都会在旁边看孩子认真地做这些小事儿。孩子努力劳动了一个小时，能得到几百日元。挣到的钱虽然不多，但是孩子脑海中自然形成了"劳动＝报酬"的等式概念，这才是最重要的。

"做这些只能买一个汉堡包啊。"

孩子通过"工作"，体会到金钱的重要和赚钱的不易。S因此觉得让孩子做这样的工作，真的是太正确了。

同样，父母也可以让孩子在跳蚤市场体验经商的感觉。

H每年都会和孩子一起，在跳蚤市场给他们"已经不需要的东西"找到新的主人。

如果父母把卖掉孩子东西换来的那部分钱给孩子，孩子收到钱后，就会在脑海中形成关于物品、价值和使用方法的等式：

能高价卖掉的东西＝别人想要的东西＝东西要保持整洁

这样一来，孩子在玩玩具的时候，想着以后还能卖个好价钱，就会更加爱惜，不会把玩具弄坏。他也就能切实地认识到，拼图玩具只有保存完整才有可能卖出去。于是，孩子自然而然就懂得了珍惜物品的重要性。

H还和孩子约定，在跳蚤市场上的收益可以决定当天的午餐地点。如果成功挣到5000日元，就去A饭店，如果卖了1万日元就去饭店B。

这样的约定让孩子感到既兴奋又紧张。于是，去跳蚤市场就变成了一个非常有趣的家庭活动。如此一来，有趣的跳蚤市场，不光为孩子提供了赚钱的机会，还能让孩子了解物品和价格之间的关系。在跳蚤市场，孩子还能像商人一样和别人讨价还价。这项活动真是益处多多呀！

父母可以这么做

父母可以让孩子亲身体验各种工作，参加这种活动会让孩子更加爱惜钱财。

有计划地支配金钱

训练

8

寻找打零工机会

意识到赚钱的不易

父母可以在纸上写出想让孩子尝试的工作,仔细和孩子说明可以做什么,让孩子去尝试不同的东西。通过这种打零工活动,孩子能够切实体会到赚钱的艰辛,能够让自己从社会中一员的角度来思考。

需要准备的东西

- 一大张纸(模造纸或日历的背面等)
- 笔

做　法

① 父母和孩子一起思考孩子可以做什么工作,并把想到的一一写下来。
② 父母可以告诉孩子怎么做。
③ 把主动权交到孩子手里,让孩子选择想做的以及能做的工作,然后鼓励他去尝试。
④ 孩子尝试之后,父母可以问问孩子有什么感想,让孩子从社会成员的角度思考问题。

注意事项

* 让孩子打零工时,要注意不能让孩子选择日常生活中的家务,可以给孩子安排一些类似于庭院除草、擦窗户、洗车这类的事情。
* 父母要为孩子争取到周围人的支持。比如,孩子可以带父母、朋友或者邻居家的狗散步,给动物喂食,教祖母学习使用电脑,等等。
* 孩子得到多少报酬,由父母决定。

在购物中,学习经济知识

观察价格的变动

如果孩子了解物品的价值所在,父母向孩子传递正确的观念时就会更加容易。带孩子出门买东西的时候,父母可以从不同的角度提出问题,让孩子思考,比如:"为什么每年刚进入下半年时,物价会比较便宜呢?""大米的种类有很多,为什么同是大米且重量相同,价格会不同呢?"

父母可以和孩子商量,选定一个观察对象,观察它在一段时间内的价格变化。比如,菠菜、白菜、黄瓜之类的蔬菜价格经常会发生变化。

父母可以和孩子一起,观察半年或一年内的物价变动情况。

很多时候,价格会受自然因素影响,比如季节、气温、台风或旱涝等,价格也会受到运输和物价水平等社会因素的影响。父母可以一边和孩子做好这段时间的价格统计,一边思考为什么这个商品会降价或涨价。

在和孩子探讨价格变动问题的过程中,父母也能从中学习到很多东西。

我们可以通过商品的价格、需求和供给情况，观察出经济的走势。有很高人气的产品需求量大，需求的增加会导致厂商加大该产品的供给量，这样一来，同类产品的市场竞争就会更加剧烈。厂商为了让自己的产品卖得更好，就会降低产品价格。父母如果能借助购物的机会，给孩子分析价格背后的种种故事，孩子就能明白经济中的供求关系是怎么回事儿了。

敏锐地捕捉到价格的变动

在这里，以日本国内黄瓜的价格变化为例，家长可以根据身边的实际情况酌情与孩子讨论。

黄瓜价格1年间的变动情况

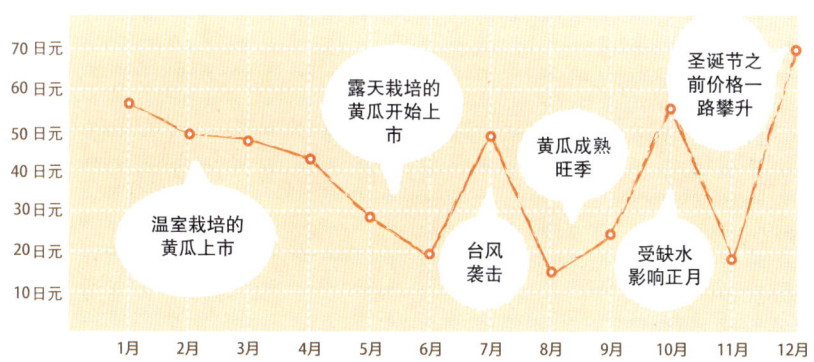

除了受供求关系、社会因素的影响，产品本身也存在价格差异。比如，肉的种类不同，价格自然各不相同。同一种动物的肉，因所处的动物身体部位不同和产地的不同，价格也会不同。肉店里的国产牛肉和从澳大利亚、美国进口的牛肉，价格相差不少。可以让孩子思考一下，是不是产地差异造成了价格的差异。

同时，也可以让孩子思考，为什么要支付高额运输费的进口牛肉反而比国产牛肉便宜。通过这样的思考，孩子也就能试着理解肉鸡和散养鸡的价格为什么不同。

父母还可以更进一步告诉孩子，不光是食品存在价格差异，其他商品也是如此。

有计划地支配金钱

在日本的加油站里，有柴油、普通汽油和高辛烷值汽油，每种油品的定价都不一样。原料的差别决定了商品的价格。同时，父母还可以让孩子思考一下：同样的油品在自助加油站和普通加油站的售价会不会存在差异呢？

孩子都喜欢探索，如果孩子能在父母的引导下，敏锐地发现商品价格的差异，将来长大后面对各种经济和社会问题时，这种敏锐的触觉会发挥更大的作用。

值得注意的是，父母不要去批评孩子的想法。能得出正确的结论固然好，但是孩子独立思考的过程才是最重要的。父母要学会认同孩子：原来你是这样想的啊。认同孩子的同时，父母可以引导孩子试着理解自己的想法。在沟通的过程中，父母和孩子进行平等的沟通至关重要。

父母可以这么做

同样的产品，在不同的时期或者日期购买，价格也不相同，父母可以让孩子思考一下其中的原因，和孩子一起让大脑活动起来，引导孩子掌握其中的经济规律吧。

训练

9

定点观察
发现价格的变化规律

父母和孩子一起买东西的时候,可以讨论一下物品价格变动的原因。这可是培养孩子关心经济和社会问题的好机会。

需要准备的东西
- 绘图纸

做　法

① 父母和孩子一起选择一家商店,并选取一件商品作为观察对象。
② 让孩子定期去调查该商品的价格变动情况,并让孩子在图表上把不同时间的价格记录下来。
③ 父母可以和孩子一起讨论价格的变动情况。

注意事项

＊ 要选择店铺里常见的商品作为观察对象。

例
- 蔬菜……生菜、白菜、黄瓜、西红柿等
- 鱼贝类……新鲜的青花鱼、竹荚鱼、乌贼等鱼类和贝类(观察每克的价格)
- 肉类——让孩子对指定产地、指定部位的肉类进行比较。比如,澳洲的牛排肉、某地的鸡胸肉等。

● 有计划地支配金钱

训练

10

成为能够发现"不同"的孩子

注意价格

如果稍加注意,就会发现同类产品的价格存在很大差异,这是为什么呢?产品的价格代表的是其背后的价值。要想让孩子对金钱和经济感兴趣,首先要让孩子意识到物品的价值。父母和孩子一起购物,是培养孩子经济思维的好机会。

做 法

父母可以和孩子一同调查同种物品的价格,再一起讨论价格存在差异的原因。

例
- 父母可以问孩子:"为什么车的价格会不同?"借助这样的问题,向孩子说明产品附加价值对产品价格的影响。
- 父母可以问孩子:"为什么电影院看电影贵,而在线看电影比较便宜?"通过这样的问题,向孩子说明场地费用对产品价格的影响。
- 父母可以问孩子:"自助店为什么比别的店便宜?"通过这样的问题,向孩子说明产品耗费的人力的多寡对产品价格的影响。
- 父母可以问孩子:"为什么同一个超市,白天和晚上快关门的时候,刺身的价格会不同?"通过这样的问题,向孩子说明产品新鲜程度对产品价格的影响。

让孩子了解与银行相关的知识

制作自己的账本

在孩子小的时候,父母要引导孩子养成一拿到压岁钱就交给父母保管的习惯。等孩子稍微大一点儿,父母可以和孩子一起去银行,以孩子的名义开一个账户,把孩子的压岁钱存起来。然后每年正月和新年的时候,都把一定比例的压岁钱存到账户里。

我和女儿一起去银行,用她的名义开了一个账户。在女儿年纪小的时候,我让她自己尝试去银行的柜台窗口存钱。在银行,孩子也可以像成年人一样,听到机器叫自己的号码后,去柜台办理业务。这种经验在孩子看来,是既紧张又隆重的。到现在我还能记提女儿当时红彤彤的笑脸。在那一刻,孩子会觉得自己像大人一样。当然,孩子压岁钱的存折要由父母来保管。

时机成熟之后,父母可以教孩子如何使用 ATM(自动存取款机)。父母要让孩子知道:ATM 并不是生钱的机器,只不过是把预先存在里

有计划地支配金钱

边的钱取出来而已。

想想什么是利息

孩子养成存钱的习惯后，父母可以向孩子解释一下利息这个概念。

父母可以参考下一页的插画，和孩子一起想想：银行存在的意义是什么呢。

我们把钱存进银行，银行会按照一定利率支付相应的利息给我们。与此同时，银行也会向有需要的公司和个人提供借贷，并收取相应的利息。吸收存款和发放贷款的利息差，就是银行的盈利。

父母可以让孩子用计算器来计算一下，存进银行的钱大概会得到多少利息。

本金（原来的存款）× 利率 × 时间 = 利息

如果，存 10 万日元，年利率按 10% 计算，一年后取出来就能有 1 万日元的利息。父母可以和孩子一起计算各种金融产品的的利息，让孩子意识到，存到银行的钱能够"生钱"，而存在家里的钱过多久都不会有变化。

父母虽然要引导孩子养成存钱的习惯，但是也要防止孩子为了存钱而成为守财奴。有的孩子会因为家长想要用他的压岁钱支付大学学费而气急败坏，这样的孩子对父母给予他的辛勤抚育视而不见，更不会心存感激。

父亲银行

H家设立了"父亲银行",每年1月15日营业。设立这个银行是为了让孩子把压岁钱和零花钱存起来。只要孩子愿意,就可以把钱存进"父亲银行",还能拿到一张填写了相应存款数目的"存款单"。

银行是金钱中介

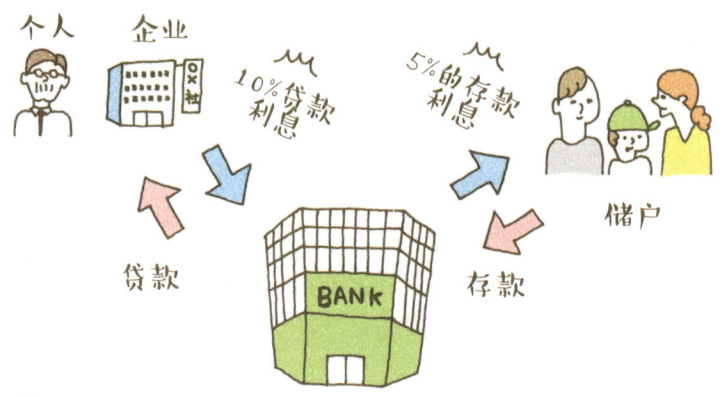

银行从存钱的人那里吸收存款,然后把这些钱借给有需要的企业和个人。所以,银行是现代社会不可或缺的金钱中介。存款利息和贷款利息之间的差,就是银行的盈利。

通过父母的引导,孩子把钱存进"父亲银行"后,就会发现:每年能收到10%的利息,而且收到的利息还会产生利息。

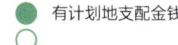
有计划地支配金钱

每年12月31日,孩子都可以取出存在"父亲银行"里的钱。孩子取钱的时候,必须要出示"存款单",否则就不能把钱取出来。

孩子如果突然要用钱,只要拿着"存款单"就能随时把钱取出来。孩子也会因此意识到存款单的重要性:存款单=自己的钱,也自然会小心保管存款单(孩子把钱存进"父亲银行"的同时,父亲可以把孩子的"存款"存进真正的银行)。

H对孩子们说:"把钱攒起来,等到需要用的时候再拿出来。"

开设"父亲银行"的重点

1. 制作存折

2. 没有存折就无法记录存款金额

3. 父母要让孩子意识到:存钱会带来收益。因此,"父亲银行"也要设定适当的利率

孩子们按照H的意思把钱存了起来。二儿子读高中的时候，去海外留学一年，攒下来的钱刚好用来买飞机票。大儿子在学生时代，用攒下来的钱报了象棋兴趣班。

两个孩子常常看着存款的金额，计划"这笔钱要怎么用才好"，这样一来，花这笔钱的时候，他们就会觉得特别充实、特别满足。

当然了，钱可以存在爸爸那里，也可以存在妈妈那里。

父母可以这么做

父母可以让孩子看看存折里有多少钱，让孩子计算一下，存一年能得多少利息。

有计划地支配金钱

关于借钱

借钱是怎么一回事

无论是"信用卡贷款"还是"现金贷款",说到底就是借钱。

"信用卡贷款"和"现金贷款"日益普及,借钱变得轻而易举。因为信用卡用起来很方便,我自己也曾经出现过一不留神刷太多的情况,还款的时候着实吓了一跳。从钱包里掏现金的时候,多少会有些抗拒,可用信用卡付款就没有这种感觉。如果缺乏自制力,就很容易把卡刷爆。

实际上,现在越来越多的人不能控制自己的欲望,没钱又想买东西的时候,就去借钱,这样一来,借债积少成多,如同雪球一般越滚越大。如果一不小心落入某些不正当的金融机构的陷阱,甚至有可能因此跌进人间地狱。

父母要让孩子明白,借钱要"有借有还",还要让孩子意识到,还钱的时候可能要支付利息。

在孩子小的时候，父母就要让孩子认识到借钱的可怕之处。不能让孩子染上轻易借钱，无计划、无节制借钱的坏习惯。

上高中的 M 为了买衣服，会向朋友借钱，还总预支零花钱。M 的妈妈每次都说"只此一次，下不为例"，然后就把钱给她了。于是，M 在不知不觉间，竟然已经借了 5 万日元。

M 的妈妈终于意识到问题的严重性，于是对 M 说："如果你的压岁钱不够，就要慢慢存钱，把所有的欠款还上。"M 的妈妈也问了孩子钱不够的原因。

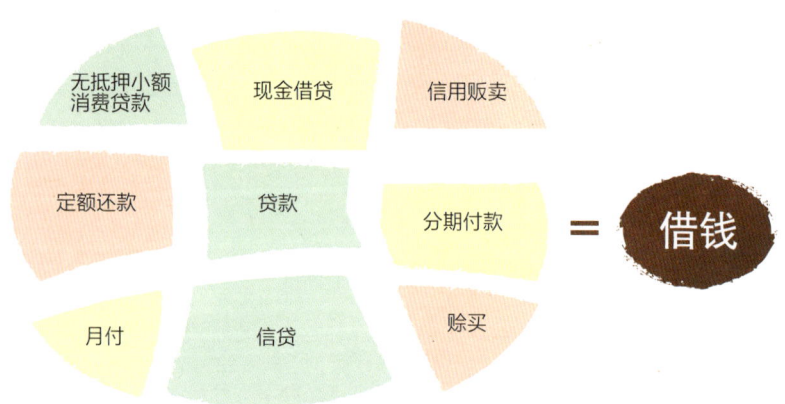

父母可以问问孩子，为什么钱总是不够花。

如果父母觉得反正也不是什么大钱，放任孩子随意借钱，长此以往，孩子长大后一定会遇到更大的麻烦。所以，父母必须让孩子从小就形成"不能随便借钱"的观念。

利率的魔术

话说回来，人活一世，难免会遇到需要借钱的情况。借钱也不完全是坏事。买房子之类的大额消费，或者开始涉足新领域的时候，通常都要借钱周转。

现在借钱，一年之后还钱，想想会怎么样呢？

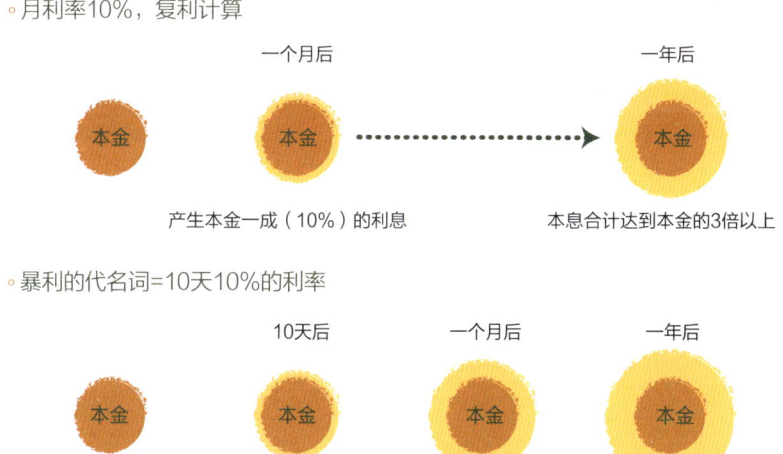

假设月利率 10%，借款 1 万日元（单利计算）

	本金	利息	本息合计
1个月后	10000日元	1000日元	11000日元
2个月后	10000日元	1000日元	12000日元
3个月后	10000日元	1000日元	13000日元
4个月后	10000日元	1000日元	14000日元
5个月后	10000日元	1000日元	15000日元
6个月后	10000日元	1000日元	16000日元
7个月后	10000日元	1000日元	17000日元
8个月后	10000日元	1000日元	18000日元
9个月后	10000日元	1000日元	19000日元
10个月后	10000日元	1000日元	20000日元
11个月后	10000日元	1000日元	21000日元
12个月后	10000日元	1000日元	22000日元

单利计算，是指只有本金会产生利息的计算方式。

复利计算法（单利计算）

	本金	利息	本息合计
1个月后	10000日元	1000日元	11000日元
2个月后	11000日元	1100日元	12100日元
3个月后	12100日元	1210日元	13310日元
4个月后	13310日元	1331日元	14641日元
5个月后	14641日元	1464日元	16105日元
6个月后	16105日元	1610日元	17716日元
7个月后	17716日元	1772日元	19488日元
8个月后	19488日元	1949日元	21437日元
9个月后	21437日元	2144日元	23581日元
10个月后	23581日元	2358日元	25939日元
11个月后	25939日元	2594日元	28533日元
12个月后	28533日元	2853日元	31386日元

复利计算，是指本金、利息都会产生利息的计算方式。

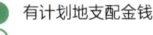
有计划地支配金钱

如果按照 10% 的利率，借款 1 万日元（参考第 88 页），一年之后，要还多少钱呢？

如果采用单利计算方式：1 万日元就会变成 22000 日元。

如果采用复利计算方式：1 万日元就会变成 31386 日元。

就算只借 1 万日元，月利率是 10%，采取单利计算，一年后要还的钱就会变成 2 倍以上；如果是复利，要还的钱就变成 3 倍以上。

父母可以和孩子一起来计算一下。

父母可以这么做

通过计算，孩子就会发现借款如同越滚越大的雪球，自然能体会到借款的可怕之处。

捐赠

钱不能只给自己花

父母可以引导孩子，在每次收到压岁钱的时候，把钱分成"花费"和"储蓄"两部分。父母还可以和孩子谈谈"捐赠"这个话题，要让孩子明白：钱不能只给自己花。通过这些讨论帮孩子树立正确的金钱观。如果你从来不为别人花钱，那么最后大家就会离你而去。如果你能想着为别人做点什么，长远来讲，你就能收获幸福。

欧美国家的学校很重视对孩子进行奉献教育。很多欧美孩子都会从自己打工挣来的钱中，拿出一部分捐给志愿者团体或教育慈善活动。

过去，日本很重视相互扶助的精神。镰仓时代就有民间互助组织，组织成员定期拿出一部分钱，用抽签或者票选的方式决定扶助对象，帮他渡过难关。

父母要告诉孩子：要帮助他人，不能只考虑自己，只有这样才能获得幸福。

有计划地支配金钱

送家人礼物

父母要让孩子明白,只有合理利用,才会发挥金钱最大的价值。在生日、母亲节、父亲节的时候,孩子可以用自己的零花钱,为家人准备一份小礼物。让孩子从小学会用自己的钱给别人带来快乐,这一点非常重要。

父母可以这么做

父母可以让孩子想想,怎样支配金钱才能为他人带来幸福。父母要告诉孩子,幸福是可以传递的,因为你今天的付出让他人获得幸福,总有一天,这份幸福会传递到你的身上。

训练

11

"24小时电视"募捐

体验捐款

每年夏天,日本电视台都会播放"24小时电视"募捐活动。父母可以利用类似的时机,引导孩子表达自己小小的善意,从零花钱中拿出一部分捐出去。

需要准备的东西

- 废弃的广口瓶(能够看清里边装了什么的瓶子就可以)

做 法

① 有1角、2角、1元、5元、10元这样的零钱时,可以放进瓶子里。
② 父母要把瓶子放到孩子的房间,让孩子定期报告存款进度。
③ 父母要引导孩子响应捐钱的号召,把存在瓶子里的钱捐出去。
④ 孩子捐款后,父母要引导孩子关注捐款的"去向",也可以和家庭成员一起针对这个话题展开讨论。

需要注意的事

* 父母可以这样鼓励孩子:"已经渐渐存了不少呢。""存了多少啊,让我看看。"
* 如果孩子中途放弃,父母要鼓励孩子:"没关系,从现在开始也不晚。""加油,明年夏天就能看到成果啦!"
* 父母也要准备一个瓶子,和孩子一起努力!

有计划地支配金钱

附录

捐赠清单

自己的钱也能帮助别人 喵~

儿童基金会、礼物
为发展中国家的孩子打造更卫生的生活环境。351日元可以为50个孩子提供接种疫苗的安全器材。1170日元就能买15套素描本和彩色蜡笔（8色）。
在相关网站售卖的文具、毛巾、家居用品等，一半的营业额会用于为发展中国家提供活动资金。

赤羽全民募捐
每年的10月1日至12月31日，全日本各地的学校和街道会一起举行筹款活动。该筹款活动是为了给老人、残障人士提供支持。

24小时电视慈善募捐
参与者可以通过全国各邮储银行总行及支行、邮局汇款。
① 扶助对象……年长人士和残障人士
② 环境保护……为保护地球环境提供支持
③ 灾害重建……灾害紧急支援
捐款主要用于以上3个领域。

DFF CLICK募捐
点击相关网站上的广告可以参与募捐。每点击一次，赞助商就会替你捐一定金额的款项给NPO团体。NPO组织致力于解决多种社会问题，如减少世界饥饿人口数量、为发展中国家提供教育支援、保护环境、消减艾滋病感染人数等。

WWF募捐
在全国2400个店铺、企业等机构设施的共同努力下，现在已经在日本各地设立了4200个WWF捐款箱。筹得款项主要用于保护海洋和森林资源，保护野生动物，保护地球环境。

*编注：也请带孩子了解和拟定我们身边的捐赠清单吧！

4

开始实践吧！

关于零花钱

零花钱要定额

孩子要零花钱的时候，父母通常会询问孩子的意图，然后给出建议，这相当于和孩子一起管控这笔零花钱。这样做虽然能防止孩子乱花钱，却无法给孩子提供尝试自我约束的机会，孩子也就无法在支配有限零花钱的过程中学习取舍和忍耐。

学会思考和自我约束，从而合理地支配金钱，这对于孩子来说是一种十分重要的能力。在孩子还没养成好习惯之前，父母可以代为看管，但是随着孩子的成长进步，父母要逐步放权。

JAM 网站成员总结的"金钱管理训练"，要求父母和孩子共同参与，在规定时间内，用规定的金额完成训练。孩子把压岁钱存在父母那里的时候，父母要记得定期给孩子一定数目的钱。

管理金钱的过程也能塑造孩子的性格。父母可以趁这个机会把成熟、正确的人生观和价值观灌输给孩子。

开始实践吧！

零花钱，不是理应给你的钱

父母给孩子零花钱的时候，千万不要让孩子产生"零花钱是他应得的"这样的印象。家长可以像发工资一样，比较"正式地"把每个月的零花钱发给孩子。如果什么都不说就直接给孩子，孩子会觉得这个钱本来就是属于他的。

孩子催要零花钱的时候，S竟然一边掏钱一边向孩子道歉。后来他才意识到：自己一时忘了给孩子零花钱，确实是自己疏忽了，但是也不应该道歉呀。

金钱管理训练的基本要求

① 父母要限定孩子零花钱的额度。

② 父母不能让孩子认为，零花钱是他应得的。

③ 父母可以从"让孩子对管钱这件事感兴趣"开始着手，培养孩子管理金钱的能力。

于是，S告诉孩子："零花钱不是妈妈理应给你的，爸爸妈妈都是通过工作赚钱的。作为家庭的一员，你要为这个家做一些力所能及的事情。"

父母要告诉孩子，想要拿到钱，必须付出代价。但是不能让孩子通过做"家庭成员分内的事"来要求报酬。比如，孩子不能因为帮忙拿报纸或者遛狗，就以此为理由索要零花钱。只有当孩子发自内心地"为了让家庭成员生活舒适而努力"，才能得到作为家庭一员可以得到的零花钱。

● 开始实践吧！

应该从什么时候开始

孩子开始对金钱感兴趣的时候，父母就可以着手对孩子展开一系列的金钱管理训练啦。

孩子上了小学，就能接触到钱了。这时候，父母要做好准备了。孩子念小学低年级的时候，需要自己掏钱的机会很少，在这个阶段，父母可以和孩子一起思考如何使用金钱。等孩子读到高年级的时候，父母可以逐渐增加孩子零花钱的额度。等到孩子上了中学，父母就要学会放权，让孩子自己思考如何使用金钱。

父母可以这么做

父母可以跟孩子说说，为什么要进行金钱管理训练。

零花钱,怎么给?

一周给一次

孩子的零花钱可以按周给,也可以每 10 天给一次。

W 在孩子 Y 上小学四年级的时候,每个月就会给 Y 固定金额的钱。但是孩子总是拿到钱后马上就用光,没钱的日子里只能抱怨。虽然 W 和孩子说了很多次,要把一部分钱存起来,但是一直没什么效果。

在这种情况下,父母可以调整一下给孩子零花钱的方式。虽然这种改变可能会造成彼此之间的不愉快,但是改变是十分必要的。父母可以每周给孩子一次零花钱,让孩子慢慢学习掌握"收支平衡"的花钱方法。

孩子上了中学,遇到想买的 CD 和游戏软件,开始懂得自己努力攒钱,这就意味着孩子已经渐渐掌握"有计划地花钱"这项基本的生活技能了。

等到孩子自己养成了良好的习惯和金钱观念,父母按月给孩子零

开始实践吧!

花钱就不会出现一下子就花光的问题了。从较短的时间开始，比如一周或10天，慢慢训练孩子管理金钱的能力，孩子就能渐渐养成好习惯了。

预算多少才合适

一周该给孩子多少零花钱呢？定期给孩子零花钱，是为了让孩子学会有计划地花钱。

现代日本小学生的零花钱数额

		最普遍的数额	占人数最多的数额区间	人数第二多的数额区间	平均值	中间值
一个月一次	低年级	500日元	500~700日元（21.7%）	100~200日元（17.8%）	949日元	400日元
	中年级	500日元	500~700日元（27.3%）	1000~1500日元（19.7%）	896日元	500日元
	高年级	500日元	500~700日元（37.6%）	1000~1500日元（29.9%）	1087日元	1000日元
偶尔	低年级	100日元	100~200日元（32.6%）	100日元（21.5%）	689日元	100日元
	中年级	100日元	100~200日元（24.6%）	500~700日元（16.4%）	847日元	300日元
	高年级	1000日元	1000~1500日元（23.7%）	500~700日元（22.7%）	1174日元	500日元

* "最普遍的数额"一栏里，填写的是调查时回答的最多的额度。"中间值"是把回答的金额从上到下排列，位于中间位置的额度。
* 括号内填写的是回答者的人数占比。
数据来源：《孩子的生活与金钱相关调查》（2010年日本金融广报中央委员会）

父母要告诉孩子，零花钱不能全花完，最好留下一部分。这样一来，遇到特殊情况（比如要送别人生日礼物），才不会捉襟见肘。

所以，在孩子处于学习"如何花钱"的摸索阶段时，父母不要给孩子太多钱。如果家里的孩子多，父母不能让孩子的零花钱变成家庭的负担。在给孩子零花钱的时候，父母要考虑孩子的年龄。孩子慢慢长大，给他的零花钱也要一点点增加。父母可以让年幼的孩子对"将来长大了，能得到更多的零花钱"抱有期待。

可以从现实出发，确定零花钱的数额。父母可以让孩子列出清单，把生活中需要花钱的地方都写下来。

准备好纸，让孩子把要花钱的项目都列出来。买东西的时候，父母要引导孩子认真思考一番再做决定，尤其是到了小学高年级以后，更应该重视培养孩子的这种习惯。

开始实践吧！

孩子小的时候，父母要帮助孩子把"可能花钱的地方"列出来，要做到尽量全面，不要有遗漏。

列好清单之后，父母可以参考清单上的项目，决定零花钱的数额。

这样一来，只要估算出每一项大概会花费多少，就能算出零花钱的总数。在确定零花钱数额的时候，父母注意，不要去和别人比较，要根据自家的情况定。但是，确定数额的时候不能独断专行，一定要和孩子商量。比如，父母可以在看清单的时候告诉孩子，零食可以由妈妈准备，所以买零食的钱这一项可以去掉。这个时候，孩子可能会表达自己的意见。再比如，游泳之后会肚子饿，父母和孩子经过商量，就可以专门设定游泳之后的200日元面包费。

同时，确定零花钱数额的时候，要考虑在学校和辅导班会用的文具和参考书及社团活动需要的东西。不需要每周都买，有时父母也会直接帮孩子买了。和孩子商讨这些细节的时候一定要耐心仔细，避免遗漏。

和孩子商量的过程很重要，站在孩子的角度，和孩子一起做好大家都满意的预算吧。

实际列一下预算吧！

S家，上小学六年级的A，每个月都会把需要花钱的项目列出来。

◇定期购买的漫画

◇临时买的漫画

◇果汁（去便利店时买的）

◇点心

◇可爱的文具（非必须）

◇朋友和家人的生日礼物

◇每周去两次辅导班时的面包费用（一次 150 日元 ×2 次）

◇在学校使用的文具费用

列好清单后，父母可以和孩子一起看一遍，把上边的东西分成"必须"和"想要"两组。

如果有一个东西孩子非常想要，但是父母难以认同，父母可以让孩子把这个物品的优先级暂时降低。要让孩子理解，对于不是自己挣来的零花钱，父母可以给孩子提出指导建议。

父母可以让孩子根据想要的程度，对自己想买的东西进行排序，在这个过程中，孩子会慢慢找到自己真正想要的东西。

● 开始实践吧！

对于 A 来说,每周有两次要去买 150 日元的面包。定期的漫画是他最想要的。果汁这项花费可有可无,因为他可以从家里带果汁。

S 按照这个清单,计算出孩子每周需要多少零花钱。文具由父母买,点心之类的 100 日元就够了,漫画 300 日元,每个月的漫画让孩子自己从每周的零花钱里存起来买。

这样算下来,将孩子周零花钱的额度定为 500 日元比较合适。

A 的清单

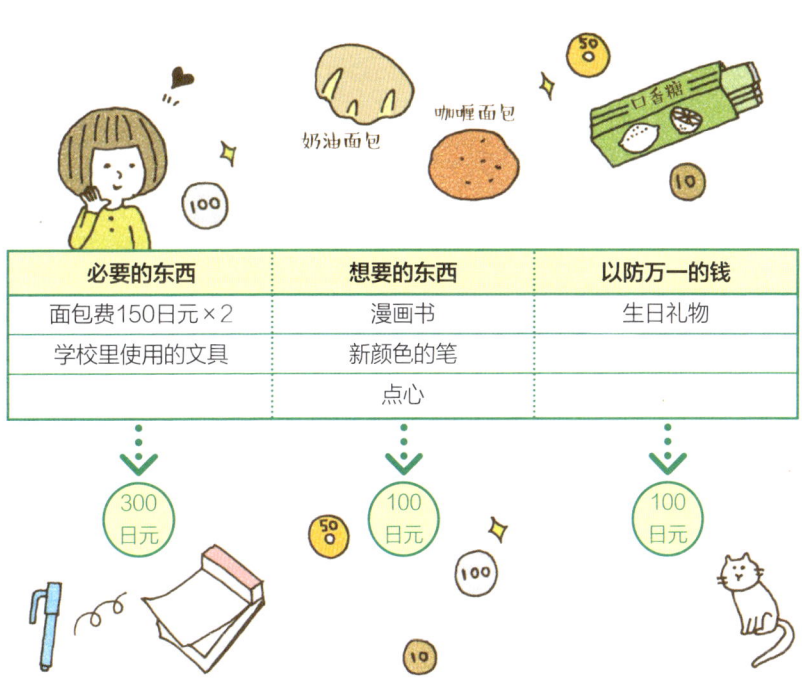

必要的东西	想要的东西	以防万一的钱
面包费150日元×2	漫画书	生日礼物
学校里使用的文具	新颜色的笔	
	点心	

300 日元　　100 日元　　100 日元

父母可以告诉孩子，零花钱不能全花光，要留一部分用来应对突发状况，比如给别人买生日礼物。对于自己的零花钱，孩子在一定程度上可以自由支配。父母可以先按照这个清单尝试一段时间，然后看有没有需要改进的地方。

父母可以这么做

确定零花钱数额的时候，父母不能独断专行，一定要听听孩子怎么想。

开始实践吧！

给多少零花钱才合适？

有的父母可能会觉得，和孩子一起商量零花钱的数额是在浪费时间，但是让孩子参与这个过程，能够激发孩子自发学习管理金钱的兴趣，这才是最重要的。

妈妈：目前为止，都是你有需要的时候给你钱，从现在开始，把一周的钱一次性都给你，你觉得怎么样？■┈┐

> 清楚地表明自己的目的，确认谈话重点，依照目的督促行动

孩子：好的。

妈妈：把一周的钱一下子都给你，你觉得有什么不同吗？

孩子：每次给的钱数不一样了。

妈妈：这样啊，钱数不一样了呀。那么，这些钱要怎么花，全写下来怎么样？

妈妈：上周钱都花在哪里了？■┈┐

> 建议孩子列清单

孩子：去芭蕾辅导班的时候，花了120日元买点心，也就这些。

妈妈：没有别的了吗？是不是忘了什么呀？■┈┐

> 一定要让孩子好好想想

孩子：啊，漫画。还有在便利店买了巧克力。周日的时候和A坐公交车去看电影。电影票、游戏、点心也都花钱了。

妈妈：都想起来了，了不起啊！把这些写下来吧。■┈┐

孩子：嗯。

> 要表扬孩子

➡ 下一页接续

妈妈：妈妈觉得，你也不是每周都要看电影。并不是每次出去玩都要花钱，你觉得呢？

> 父母提出意见很重要，但是决定权要交给孩子。孩子自己决定的事，比较容易坚持下去

孩子：确实不会每周都看电影，但是我很喜欢看电影。想一个月去一次。

妈妈：一个月去一次，我觉得没问题。那么就一个月准备一次看电影的钱，然后把这份钱平均分到每周的零花钱里。那每周应该分多少看电影的钱呢？

孩子：250日元。

妈妈：除了看电影花的钱，一周还需要多少钱呢？

孩子：520日元。

妈妈：那就定为500日元吧。再把看电影要花的钱加进来，一周需要多少钱呢？

孩子：750日元。

妈妈：一周750日元，这笔钱要怎么花才好呢？

> 让孩子自己总结谈话内容，用提问的方式督促孩子思考

孩子：一周使用500日元，也预备了看电影要用的钱。那么我们来做一个零花钱的记账本吧！

妈妈：嗯，零花钱的记账本啊。这样做有什么好处呢？

> 让孩子自己发现记账的优点

孩子：用了多少钱，马上就能知道。

妈妈：这样啊，明白啦。那么，咱们来试试看吧？

孩子：好的！

● 开始实践吧！

零花钱应该怎么花

零花钱的使用规定

决定零花钱额度的时候,父母要和孩子简单说说这笔钱该怎么用。

零花钱应该怎么用呢?

一有想要的东西就马上买回来,这样真的好吗?

父母不用把这件事弄得太复杂,只要简单地把自己的经验告诉孩子就行。

比如,小学生还不需要买化妆品。拿出决定零花钱数目时的清单,让孩子好好想想"怎么用""买什么好"。

按照先前的清单确定的数额执行一段时间之后,父母可以参考孩子每个月的零花钱账本(参考第112页)做出调整。

父母要做到言而有信。定了哪天发零花钱,就要哪天发。父母定下的规矩,自身要严格遵守(比如,就算发零花钱当天,孩子就把钱都花完了,也不能再给孩子规定数目之外的钱。)

同时，父母也要信任孩子，让孩子学着管理金钱。规矩不能只走形式，父母一定要和孩子确认，自己是不是和孩子讲清楚了。

关于零花钱

零花钱是爸爸妈妈为了让孩子能买想买的东西，从自己赚的钱里拿出来给孩子的。所以，作为家庭的一分子，孩子也要尽一份责任（比如，帮忙做家务等）。

长大成人后，要靠自己工作赚钱，就不能再伸手向父母要钱了。为了将来能合理支配自己的钱，孩子现在就要认真思考怎么安排自己的零花钱吧。

如果孩子在下一次发放零花钱之前就很快把零花钱都用完了，爸爸妈妈也不能再给。突然需要用钱的情况时有发生，所以不要把所有的钱都花掉，应该留一部分存起来。存起来的钱要单独放在一个地方，以防自己花掉。

父母给零花钱是因为信任。孩子虽然可以使用零花钱，但是要对自己的行为负责。

开始实践吧！

零花钱账本

给孩子零花钱的时候，父母可以看看孩子的零花钱账本。

如果觉得做账本很麻烦，可以直接把收据贴在本子上，制作"零花钱收据本"。

这样一来，看到收据就能回想起自己把钱都花在哪里了。算账的时候，孩子就能体会到：一笔笔小钱累积起来也是一笔不小的数目。

> **制定规则的关键点**
>
> 要包含以下要点：
> ① 为什么给你零花钱？
> ② 零花钱应该用在什么地方？
> ③ 分配好用于储蓄的份额了吗？
> ④ 有需要但是零花钱不够，怎么办？
> ★列出明细的零花钱账本，能起到很好的效果
> ★父母要在之前确定好的发零花钱的日子，把钱发给孩子

在这个阶段，父母要注意，不要让孩子对自己有所隐瞒（把自己觉得不妥的收据藏起来等行为）。

上小学六年级的 T，在制作零花钱账本的时候，最初因为花钱时控制不住自己，经常觉得灰心丧气。这个时候，父母鼓励他说："你现

在所做的事，大人都不见得做得好。能够尝试做这么难的事，已经很了不起啦！坚持下去，你肯定能做到，加油吧！"

当T做到零花钱收支平衡的时候，父母在孩子的零花钱账本上画了一朵大红花。就这样，T逐渐养成了记账的习惯，并且能做到"想好了，再花钱"。

● 开始实践吧！

核查零花钱账本

父母要对孩子认真记账的行为做出表扬。

"居然都记上啦。"

"遵守约定了呢。"

"把收据都很认真地贴上去了呀。"

这类赞扬的话语要常挂在嘴边。孩子做到了,父母就一定要表扬。"做到了×××呢","做到了这个呢",通过这类具体的话语表扬孩子,是鼓励孩子长期坚持下去的诀窍。

父母检查孩子账本的时候,如果发现把本应买面包的钱用来买了游戏人物卡片这类花费不合理的情况时,也不要急着批评孩子。如果直接否定孩子的这种行为,他下次可能就不会诚实地告诉你了,也可能对训练产生抵触情绪。

失败也是很好的学习机会,有时候父母要学会对孩子的"小失败"睁一只眼闭一只眼,等孩子慢慢掌握要领后,再和孩子针对那次"小失败"进行沟通。孩子有了干劲,就会付出更多的努力。

预支凭证

付款日期（　月　日）

　　　　　　　　　　　　　　　　元

支出（花在了什么地方）

　　　　　　　　　　　　　　　　元
　　　　　　　　　　　　　　　　元
　　　　　　　　　　　　　　　　元

剩下的钱

　　　　　　　　　　　　　　　　元

拿到钱了

签字

开始实践吧！

"买这个是做什么用的啊？能告诉我吗？"

父母和孩子意见相左时，要先问问孩子这么做的理由，让孩子来思考这么做到底合适不合适。

"必要物品"提前支付制度

如果孩子说，要买文具这类上学要用的必需品，父母必须和孩子约定要拿出收据做证明。告诉孩子，如果嘴上说"买了书"，但是实际上去买了别的东西，就无法得到他人的信任。

所以，必须彻底贯彻使用收据这件事。我们可以参考左边的预支凭证，多复印几份，用的时候直接填写。如果孩子看到父母的态度很认真，也会积极主动地履行约定。

父母可以这么做

表扬孩子时候，父母要描述具体的事，不要用数衍的话表扬，这样才能起到鼓励孩子的作用。

如果孩子对你说
"零花钱不够用"

让孩子思考的好时机

孩子觉得零花钱不够花的时候,正是让孩子学习金钱管理的好时机。

父母可以在这个时候,让孩子思考一下,如何有计划地使用自己的零花钱。千万不要把孩子训斥一番,又掏出钱给孩子。嘴上说着"只有这次,下不为例",却总是忍不住掏钱给孩子,家长千万不要这样做。

如果孩子说"零花钱不够用",首先要和孩子确认,为什么不够用。

对于孩子给出的理由,父母要表示理解认同,但是也要告诉孩子,不能再给他钱了。"那么,怎么办比较好呢?"让孩子自己思考解决问题的办法。

解决的对策可以是:对于想要的东西,先忍一忍,攒够钱再买。

开始实践吧!

◇向父母借钱。

◇动用存款。

◇做一些力所能及的事来赚钱。

父母可以让孩子想想,上面的方法是否可行,遇到这种情况应该怎么和孩子沟通呢?

如果借钱,要收利息

K 和妈妈约定,文具用自己的零花钱买。有一次,K 要买胶水,但是自己的零花钱已经不够了。于是 K 去和妈妈商量。

K 的妈妈虽然觉得,买胶水的钱给他也无妨,但又明白如果这么做了,就会错失训练孩子管理金钱的机会。因此,妈妈和 K 商量过后,决定预支一部分零花钱给他。

父母要让孩子明白，借钱一定要收取利息，还要让孩子写借条，约定2周内必须还钱。K通过这件事明白了，生活中难免遇到突然要用钱的地方，也意识到了存钱的必要性。

等孩子上了中学，社交支出和购买欲望都会增长，肯定会遇到钱不够花的情况。这个时候，父母不要随便把钱借给孩子，一定要有借钱的手续。父母可以复印第119页的借条，以备遇到这种情况时使用。

关于零花钱数目的再沟通

随着训练的持续，过了一段时间之后，我们可能需要重新探讨一下零花钱数目的问题。这个时候，父母可以根据零花钱收据账本，考虑是否需要提高零花钱的数额。实际的数字最具说服力。计算一下收据上的金额，就会知道有没有必要提高零花钱的数额。

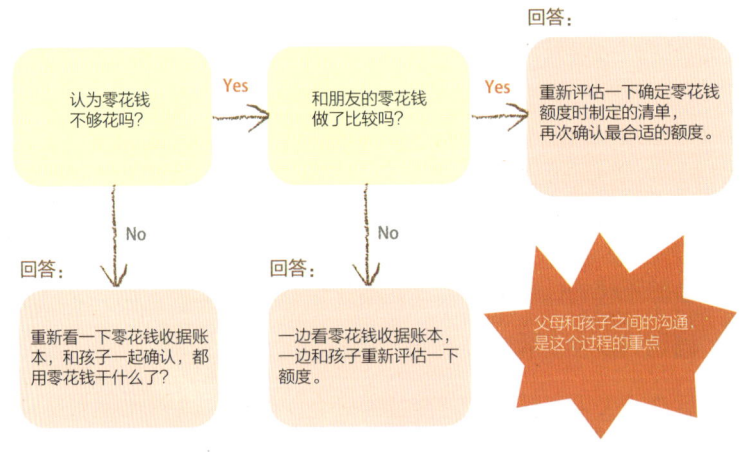

开始实践吧！

借 条

借款金额

　　　　　　　　　　　　　　　　　　　元

　　　　　　　　　　于　　月　　日支付

　　　我因为　　　　　　　　　　原因，
　　需要预先支取这笔钱。

　　　　　　　年　　月　　日

　　借款方的签字

父母可以这么做

父母不能一味地训斥孩子,要让孩子自己去思考,为什么零花钱不够用,为什么之前的计划没有顺利执行。

孩子说"零花钱不够用"的时候,父母也可以这么做。

M 的孩子对 M 说自己的零花钱不够用,想多要点零花钱。M 让孩子拿收据过来。"看看收据就能知道什么项目花了多少钱,零花钱是为了让你买有用的东西才给你的。"

看过收据之后 M 发现,孩子的零花钱基本上花在了不必要的地方,比如便利店的点心,还有漫画。通过这些收据,父母和孩子就都知道钱到底是怎么花掉的。M 的解决办法不是增加孩子的零花钱额度,而是让孩子学习"想好了,再花钱"。

开始实践吧!

不能顺利进行的时候

"因为是自己的钱,所以没关系!"

孩子小的时候,可能会对父母言听计从,但是随着年龄的增长,孩子难免会产生叛逆心理,想要挑战父母的权威。

A 不让孩子用压岁钱买游戏软件,但孩子还是花了 1 万日元,擅自买了。

"压岁钱是我自己的钱!"

当孩子这么反驳的时候,父母要先平静下来,问问孩子为什么这么做,因为孩子肯定也有想说的话:"班上每个人都有新的游戏软件。""如果不玩会显得不合群。"通过和孩子耐心地沟通,A 了解到了很多关于孩子学校和朋友的事情。

A 认认真真地听取了孩子的想法后,告诉孩子:"压岁钱不是你自己通过努力赚的钱,不能随便使用。""压岁钱是别人把自己努力工作赚到的钱给你的。"

孩子的零花钱可以让孩子自由支配,但是对于不是孩子自己劳动所得的那部分零花钱,孩子的父母也有权利进行约束。父母要让孩子明白,只有通过自己努力赚来的钱才可以完全由自己决定怎么花,这才是自由支配的真正含义。

父母提出意见的正确方法

"不要浪费钱。"

"小孩子还不能自己赚钱。"

单纯的说教并不能让孩子发自内心地认同和接受。

生活中,父母会发现,教育孩子时很难按部就班地进行下去,所

● 开始实践吧!

以一定要有"会经历多次失败"的觉悟。对孩子传达正确的观念是父母应尽的义务。陪伴孩子成长，把自己的正确经验告诉孩子，只有父母能做到这一点。父母要坚信：孩子总有一天会明白的。

虽说要告诉孩子"想好了再买"，但是失败的购物经验也很重要。一个人能在失败的教训和负面的体验中学到很多东西。"不能顺利进行是很正常的。""失败是成功之母。"父母要怀着这样的积极心态，帮助孩子学会管理金钱。

在树立孩子正确的金钱观这件事上，父母要舍得花时间。

父母可以这么做

可以让孩子想一想，为什么父母会给他零花钱和压岁钱。不要强迫孩子马上给你一个"正确答案"，很多孩子一时间想不明白其中的道理，父母要耐心等待，给孩子时间慢慢思考。

控制欲望10元购物训练

真正想要的是什么

A习惯通过购物来排解工作中的压力。于是,她用信用卡买了很多衣服、鞋子、包……结果把卡刷爆了,无奈下只能自己申请破产。

人的欲望并不能全部得到满足,就算一时满足了,还是会想要更多。这很正常,也是追求更好生活的一种表现。因此,在面对自己的欲望时,不要去否定它,而是要学会控制它。

高中生S非常想要一把吉他,无奈自己的存款远远不够。所以,S决定降低支出,不仅放弃了新出的漫画,也不再买口香糖了。

只要想到这些牺牲都是为了吉他做出的努力,S一点也不觉得辛苦。明白自己到底想要什么,这是控制欲望的关键。

让孩子去思考到底想要什么,这一点很重要。有时候,想要的东西并不是实际的物品,比如想要参加奥运会,想要成为棒球选手。一个人心里真正想要的,往往和他的梦想有关。

开始实践吧!

但是，没有人天生就会控制欲望。父母要让孩子去思考，自己到底想要什么。人只要找到了无论如何都想要的东西，就会为之付出努力。

怎样才能帮孩子找到自己真正想要的东西呢，下面我就告诉大家怎么做。

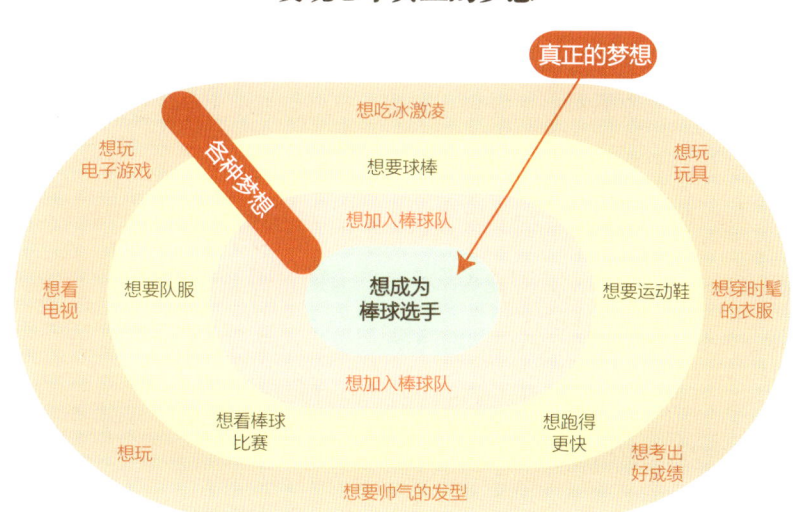

孩子有想要的东西时，父母怎样与之沟通

"你能分清自己想买的东西里，哪些是自己想要的，哪些是自己需要的吗？"

"你想要什么？列一个清单吧。"

"其中自己最想要的是什么？"

"如果得到了最想要的东西，心情如何？"

"有什么东西能够替代你想要的东西吗？"

"有没有想过，怎样才能得到你想要的东西呢？"

名额有限，学会选择，学会放弃

给孩子一个限额，让他做出选择，这样的训练是为了让孩子通过自己的思考，学会取舍。

I 给孩子 500 日元，让孩子去百元店里买东西。同时，I 告诉孩子："不能买现在已经有的东西，买的时候也要考虑到收纳整理的问题。"

孩子们会因为想不出"要买什么"而苦恼。看每一件商品，都会有很多疑问："买这个好吗？""这个和那个，哪个更好呢？"这个时候，父母要鼓励孩子自己做出决定。对于孩子来说，这是非常必要的"取舍"训练。

父母可以这么做

父母可以问问孩子，自己真正想要的东西是什么，通过提问引导孩子探索自己的欲望。

● 开始实践吧！

训练

12

你会怎么办?

控制欲望

想象一下，每次得到心仪的物品时，自己的心情是怎样的。要让孩子明白，不要冲动购物，只要能够冷静思考，就能控制自己的欲望。

例 1

孩子攒了不少压岁钱，已经够买一个心仪已久的随身听了。但是，孩子的父亲却说："小学生买这么贵的东西不合适，等上了中学再买吧。"

如果是你的话，怎么办呢？

A 成为中学生之前，先忍耐吧。
B 自己的钱，想怎么用就怎么用。所以一定要买啊！
C 要和父亲沟通。
D 打算偷偷买。
E 先买一个便宜的，忍一忍吧。

做出选择之后，接下来会这样想：
A 是啊，等上了中学，可能就会出性能更好的了。
B 爸爸妈妈觉得，虽然你可以支配自己的压岁钱，但是这个随身听对于小学生来说确实太贵了。
C 沟通交流确实很重要。
D 你想偷偷买？你觉得能瞒过去吗？
E 这也是一个方法。
除此之外还有其他答案，可以试着想一想。

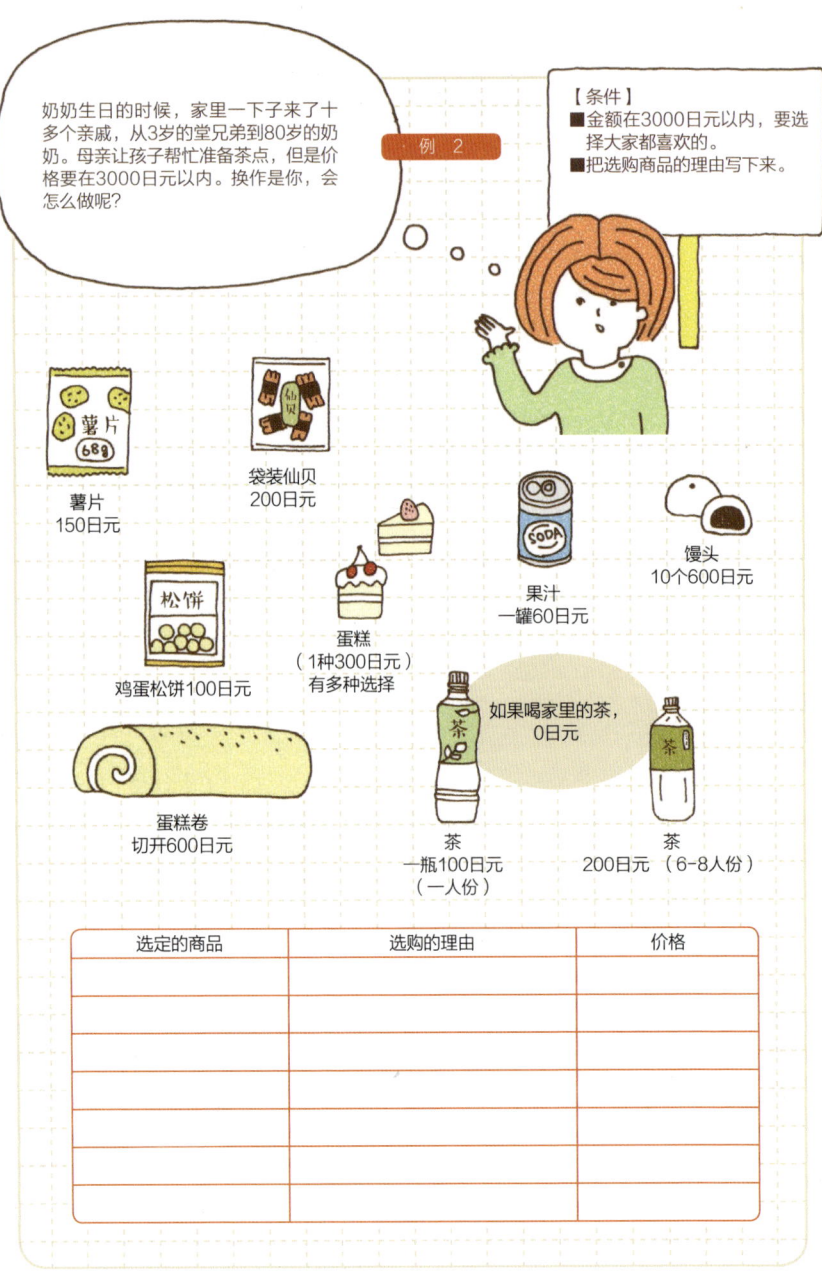

奶奶生日的时候，家里一下子来了十多个亲戚，从3岁的堂兄弟到80岁的奶奶。母亲让孩子帮忙准备茶点，但是价格要在3000日元以内。换作是你，会怎么做呢？

例 2

【条件】
■ 金额在3000日元以内，要选择大家都喜欢的。
■ 把选购商品的理由写下来。

薯片 150日元

袋装仙贝 200日元

鸡蛋松饼 100日元

蛋糕（1种300日元）有多种选择

果汁 一罐60日元

馒头 10个600日元

蛋糕卷 切开600日元

茶 一瓶100日元（一人份）

如果喝家里的茶，0日元

茶 200日元（6-8人份）

选定的商品	选购的理由	价格

开始实践吧！

成为一个明智的消费者吧

选购商品的准则

购物时可以参考各种各样的准则,比如性能、价格、安全性、信赖感(品牌)、偏好、话题性等。参考标准不同,选择的结果也会不同。

比如,A 选购服装配饰时,会考虑物品的价格和性能。选购食品时,主要考虑的是食品的安全性和口味。B 买高档衣服和名牌包时,从来不考虑价格,却会买一些打折食品。由此可见,两个人的价值观存在很大差异。

父母要让孩子了解,选购商品的标准有很多。和孩子一起购物时,父母要把选择这件商品的理由告诉孩子:选择物品的方式 = 一个人的价值观。孩子做出选择时,也可以问问孩子为什么这么选。

购置大件商品时,让孩子参与进来

家里购置电视、车、音箱、DVD 这样的大件商品时,可以让孩子参与讨论。对于孩子来说，这是个学习买东西的好机会。

父母可以让孩子去店里收集产品宣传册，咨询专家意见，让孩子亲身体验决策的思考过程。在这个过程中，父母可以给出自己的意见。不要小看这件事，这当中包含了各种各样的训练。

买房、海外旅行这样的大事，也可以让孩子参与讨论，在这个过程中，孩子能潜移默化地学会如何"和钱打交道"。

单位价格

购物时，价格是影响决策的一大因素。有时候，比较商品价格，并不能一目了然地知道哪个更合算。这时候，父母可以教孩子用单位价格做比较。比如，这种苹果5个500日元，别的苹果5个800日元，通过计算，我们就能发现两种苹果的单价相差60日元。

商品上标注的商品信息，会对商品品质做出说明。

父母要告诉孩子，买东西的时候，要仔细阅读商品说明。

比如，加工食品会在包装上标注原材料、产地、营养构成、制作方法、防腐剂用量等信息。原材料这一项通常是按照用量排序的。父母要告诉孩子，购物的时候，一定要特别留心添加剂、防腐剂及保质期或品尝期限的相关信息，因为这种信息往往和食品安全密切相关。

服装上基本都有记录材料、尺寸、处理办法（如洗涤方式，手洗、

开始实践吧！

干洗或机洗）等信息的标签。父母要告诉孩子，不同的标志代表的是什么意思。如果在这个过程中遇到自己不明白的标志，父母可以和孩子一起查询这个标志的意思。让我们一起为了成为更明智的消费者而努力吧！

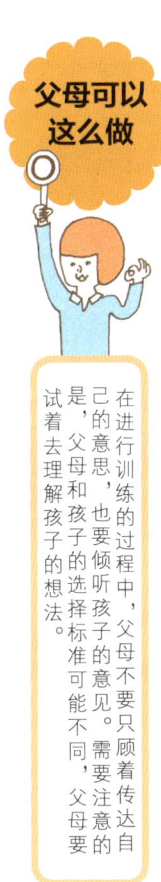

父母可以这么做

在进行训练的过程中，父母不要只顾着传达自己的意思，也要倾听孩子的意见。需要注意的是，父母和孩子的选择标准可能不同，父母要试着去理解孩子的想法。

训练

13

选择价格实惠的巧克力
核对每克的单价

对比商品价格的时候,可以看每克的单价。我们一起针对可能出现的状况,做一些练习吧!

做 法

看下边的插图回答问题。

A
进口巧克力
1000日元/200克

B
大袋装的巧克力
500日元/500克

C
有人物卡片的巧克力
150日元/20克

D
小袋的巧克力糖
20日元/5克

问 题

①所有巧克力中,最贵的是哪个?最便宜的是哪个?
②以克为单位,哪个单价最贵?
③以克为单位,哪个单价最便宜?

答案:①最贵的是A,最便宜的是D。②C。③B。

● 开始实践吧!

防止卷入危险契约

危险契约低龄化引发的问题

现在的小学生和中学生，经常使用手机和电脑，一不小心就有可能卷入"点击诈骗"。这种诈骗手法会针对非特定对象大量发送邀请邮件，在邮件里嵌入和偶像相关的网站链接，如果你不慎点击了链接，它会要求你"支付手续费"，然后大额金钱就会被自动支付。

除此之外，还会出现其他问题。比如，收到的产品和描述不符，下单的产品付款后不发货，修理东西的合同价格远高于原先告知的价格，等等，让孩子陷入麻烦。

法律上虽然主张，如果未征得父母同意时和未成年人签订的合同，属于无效合同，应该作废。但是，在惊动父母之前，很多孩子就已经稀里糊涂地把钱付了。这样的例子屡见不鲜。

为了防止这种情况发生，父母要注意和孩子多沟通。

武断地禁止孩子使用电脑和手机，只能起到反作用，反而更有可能让孩子在父母不知情的情况下卷入麻烦。父母要明确告诉孩子有可能面临的麻烦、骗局,甚至犯罪,把其中的风险告诉孩子,让他有意识地主动规避风险。

为了让孩子将来免遭这种麻烦的困扰,父母有必要从孩子小时候就开始进行消费教育。

COOL-OFF 的基础知识

COOL-OFF,是指由消费者一方解除合同的制度。消费者可以要求商家"退还之前支付的钱""由商家负担退货损失",等等。下表是对法律认可的 COOL-OFF 方式做出的总结。

交易形式	
上门销售	8天内
电话销售	8天内
提供特定连续服务的合同(外语教师、家庭教师派遣、学习辅导、计算机培训、婚姻介绍等服务)	8天内
连锁售卖(直销)	8天内
业务提供的邀请售卖(所谓的内测、评测)	20天内

COOL-OFF是指,消费者以书面形式,向商家提出申请撤回、解除合同。发送书面申请后生效。详细内容,可以从日本消费者协会了解。

＊不满3000日元不适用此制度,上门销售、电话销售适用COOL-OFF制度时,需要一些附加条件。
＊除此之外,各个行业和个别商家也有自行设立的COOL-OFF规则,但是通常有条件限制。
＊编注:COOL-OFF仅作为一个小知识供父母参考。家长可以根据我们生活的实际情况选择与孩子分享相关的内容。

● 开始实践吧!

父母可以这么做

大人遇到这种情况,也会不知所措。那么,我们就和孩子一起学习吧。

如何处理"麻烦合同"

就算是未成年人签订的合同,有些情况也是有义务履行的。父母要告诉孩子,遇到自己不能处理的问题时,要向父母和老师报告,去消费者协会求助。如果已经惊动了警察,要和律师商量对策。

但是,孩子自己才是防范这种问题的关键。简单的说教无法有效地帮孩子规避这些危险。父母可以给孩子举一些相似的例子,让孩子自己去想遇到这种问题该怎么办,引导孩子做出正确的判断。

让孩子学会自立

对你而言,什么是宝贵的

上私立中学的 S 最近感到很失落。班上的同学花钱都大手大脚,自己却因为零花钱不多,和朋友在一起的时候总觉得非常没有面子。

"和大家相比,我的零花钱太少了。"

"××有很多银行卡。"

"××用压岁钱买了和偶像一样的服装。"

"××在化妆上花了很多钱,看起来非常可爱。"

"××请大家吃饭。"

因为和朋友做了比较,所以会羡慕别人。

孩子可能会问:"为什么我爸妈不给我买呢?"

这个时候,父母不应该因此去满足孩子的所有欲望。孩子只会一时不爽,如果有过忍耐和延时满足的经验,孩子长大成人之后,就会

开始实践吧!

有一颗感恩的心,也能体会到巨大的成就感。

肚子不饿的时候,人就缺少动力。得到想要的东西时,人会获得无与伦比的喜悦。没有体会过忍耐,人就没机会体会那种强烈的喜悦。

父母要让孩子明白,自己到底想要什么。

培养孩子的自立能力,最重要的是什么?

每个人珍视的东西各不相同,无论是智者、名士,还是教科书,都无法给出标准答案。孩子只能自己去寻找答案。只有明白了什么对自己最重要,才能做出正确的选择。

通过工作打下经济基础是自立的第一步。父母应该引导孩子,让他自己去发现哪些东西对自己是最重要的,教他学会控制金钱的方法,支持孩子成为无可代替的自己,成为堂堂正正的人生主人公。

父母可以这么做

你真正想要的是什么?父母可以让孩子自己想想,用金钱做什么可以获得幸福。

开始实践吧!

附 录

如何与不同类型的孩子沟通

了解孩子的类型

孩子的性格各不相同,有的天生具备领袖气质,有的孩子性格温和,会处处替他人着想。在指导孩子进行金钱管理时,父母如果能考虑孩子的性格,选用恰当的语言加以引导,孩子就更容易接受。

JAM网站通过研讨会讨论出了一套用于检测孩子性格类型的测试题,我们一起做做看吧。

如果你之前没有想到过根据孩子的性格"因材施教",采用了适合孩子的沟通方法后一定会惊叹,换个方法居然能起到这么惊人的效果。在下一页,我们会把孩子的几种性格类型介绍给大家。父母在与孩子沟通的时候可以加以参考。

通过测验了解孩子的性格类型

在A~D，四项描述中，找到与孩子相对应的一项，哪项描述与孩子更吻合，孩子就属于哪种类型。

A
- ☐ 能照顾他人的孩子王
- ☐ 大方，心胸开阔
- ☐ 值得信赖，不会拒绝他人的请求
- ☐ 不善于发现自己的弱点
- ☐ 多数场合都很活跃
- ☐ 有时候会指使别人做事
- ☐ 深得老师信赖
- ☐ 喜欢自立
- ☐ 经常成为小团体的领导
- ☐ 有时会努力挑战不可能

B
- ☐ 不会做自己不认可的事
- ☐ 按照自己的节奏工作
- ☐ 总是很冷静
- ☐ 对感兴趣的事情很有干劲
- ☐ 有自己的见解
- ☐ 经常不听别人的建议
- ☐ 热心于研究
- ☐ 很像个小大人
- ☐ 不太懂得合作

C
- ☐ 有很多想法
- ☐ 性格开朗，精力旺盛
- ☐ 容易半途而废，就算订了计划，也很难按部就班坚持下去
- ☐ 好奇心旺盛
- ☐ 喜欢新鲜事物
- ☐ 喜欢说话
- ☐ 话题很丰富
- ☐ 有很多朋友
- ☐ 几乎没有烦恼
- ☐ 讲规矩

D
- ☐ 做事周到
- ☐ 倾向于给他人提供正面的支持
- ☐ 想要成为对别人有用的人
- ☐ 温柔
- ☐ 讨厌吵架和冲突
- ☐ 话不多
- ☐ 为了别人高兴，不惜委屈自己
- ☐ 容易被别人影响
- ☐ 不会痛快地说出"不"字
- ☐ 容易害羞

➡ 孩子性格类型的解读，参见下一页内容

 与 A 更相符　　　　与 B 更相符

所谓的好孩子类型

冷静型

性格……朋友当中值得信赖的类型。被依赖的时候会很开心，如果是他自己的选择，就会干劲十足。反之，为了应对周围人的期待，也会硬着头皮做一些办不到的事。注意不要给孩子太大的压力。要对孩子说一些能够缓和压力的话，如"真努力啊，但是真的没关系吗？"之类的。

给孩子零花钱的方法……这种类型的孩子很喜欢自己制订计划。平时不用多费心，一个季度总结一次也没问题。参考培养营业部长和公司社长的标准来培养孩子吧。

鼓励的方法……可以像公司一样制作决算报告，然后问问孩子如何看这个月的结果，以及下个月的打算。

性格……顽固并且无理胡闹的时候虽然时有发生，但往往会经过冷静的思考，再展开行动。这是一旦决定要做，就会朝着目标不断努力的类型。

给孩子零花钱的方法……一般情况下，一次给孩子一个月的零花钱也是没问题的。他们是四种类型中最谨慎的，这种类型的孩子会对性价比等方面做出谨慎的调查分析之后再决定买什么。如果遇到钱不够花的情况，父母可以放心把钱借给孩子。

鼓励的方法……这种类型的孩子不用费心管，特别让人省心。买了自己喜欢的零花钱账本，就能认认真真地做记录。父母可以偶尔看看孩子的零花钱账本，表扬孩子："真的是在认真地记录啊。""管理得很好啊。"

与 C 更相符　　　　　　与 D 更相符

大大咧咧型　　　　　　沉稳型

性格……开朗、大大咧咧、精力十足。容易半途而废，经常不能长时间坚持一件事，好奇心旺盛，想挑战很多事，轻松自在的时候能够发挥出巨大的潜力。

给孩子零花钱的方法……这种孩子一拿到很多钱就会一下子买很多东西。所以父母可以每天给他小额的零花钱，让孩子养成存钱的习惯。

鼓励的方法……让孩子把自己想要买的东西全写下来，贴在桌边。每天存了多少钱也都记下来。父母要多鼓励孩子：再存多少就能买到了。父母可以定期往银行里存一些钱，让孩子自己拿着存折。

性格……虽然看起来有些成熟，实际上是非常温柔的人。非常希望能够帮助别人。一旦有人提出请求，虽然未必能做到也会尽力去做。所以注意不要给这样的孩子太大的负担。

给孩子零花钱的方法……让孩子帮忙的时候，一定要向孩子表示感谢。这种类型的孩子，来帮忙绝对不是为了钱，可能会把钱都给别人花。父母要提醒孩子，可以花点钱犒劳自己。

鼓励的方法……得到孩子帮助的时候，父母一定要向孩子表示感谢："真是帮了大忙。"

后记 相关制作人员的话

石川律子
现在大家的生活普遍比较富裕，孩子基本上要什么有什么。很多孩子认为自己得到什么都是理所当然的。希望孩子能够通过自己管理金钱，成为心存感激的人。

青木秀树
孩子从小就有零花钱，但那并不是"真正的钱"。"真正的钱"是通过工作挣来的。孩子在使用零花钱的时候，要对挣钱的人心存感激。

大和 都
花钱也不是件容易事，经常思考如何正确支配金钱是很重要的。我很想要让孩子养成思考的习惯。

大和明子
从小积累管理金钱的经验很重要。为了让孩子能够学习与金钱和社会相关的各种知识，我和孩子正在不断的失败和尝试中努力。

大塚智史
一个人在步入社会之前，要学会规矩和礼仪。从小开始引导孩子树立正确的金钱观，孩子就不会产生"凡事理所当然"的错误想法。

草间由美子
拥有处置金钱的"智慧"和"知识"，是自己立足于社会的护身符。请一定要好好利用这本书，希望父母和孩子都能通过这本书快乐地学习。

小山知美
孩子小时候养成的金钱观，会影响孩子长大后的行为。如果能够通过这本书把树立正确金钱观的重要性传递给大家，那我真是太开心了。

菅泽京子
和女儿约定，手机话费从零花钱里扣除。女儿拿着手机，和刚刚有了自己的手机的堂姐妹煲电话粥！下个月拿不到零花钱，她就得到教训了。

铃木结子
身边各种各样的商品有很多诱惑力，我们要知道如何选择，如何控制自己的欲望，在人生道路上才不会误入歧途。所以，父母和孩子一起，按部就班地进行金钱训练吧。

狮子仓雅子
在喝茶、吃点心的时候，父母可以和孩子谈谈钱，也可以和孩子交流交流自己的人生经验。这种时候是帮助孩子塑造正确金钱观念的好时机。

畑 幸子
我常常想,我的孩子将来会成为怎样的人呢?至少应该懂得如何和钱打交道才行吧。为了这个目标,父母好好想想该怎么做吧!

高取志津香
金钱教育不仅关乎孩子自立,对塑造孩子的人格同样至关重要。父母不要回避金钱的话题。父母可以和孩子一起思考一下,如何支配金钱才能令人获得满足感和幸福感。

三木香奈
自从和孩子一起确定了零花钱的支取和花费制度,女儿在买东西的时候都会先考虑优先顺位。

胁田 惠
信用卡的普及、银行转账虽然方便快捷,却会让孩子不知道钱到底是从哪来的。钱很重要,在孩子小的时候,父母就要把和金钱打交道过程中可能面临的风险告诉孩子,以防孩子将来误入歧途。

米盛贤治
学习与金钱相关的知识,不光是为了管钱,更是为了让孩子意识到,自己到底想要什么,这才是最重要的。

NPO法人 JAM网

JAM是Japanese & American Mothers的首字母的缩写,是日本、美国两地父母、孩子和教师互相交流的平台。2002年,JAM网依托美国的取材,根据日本的实际情况提出了沟通技巧和训练方法,在社会各界引起很大反响。2003年10月,JAM网转变为培养孩子和父母、老师沟通技巧的非营利机构。以父母、子女和教育者为对象,JAM网在日本各地举办了多场讲座和研讨会。